AF547594

RöLS
GVerlage

„BÜCHER SIND WIE FALLSCHIRME. SIE NÜTZEN UNS NICHTS, WENN WIR SIE NICHT ÖFFNEN.“

Gröls Verlag

Redaktionelle Hinweise und Impressum

Das vorliegende Werk wurde zugunsten der Authentizität sehr zurückhaltend bearbeitet. So wurden etwa ursprüngliche Rechtschreibfehler *nicht* systematisch behoben, denn kleine Unvollkommenheiten machen das Buch – wie im Übrigen den Menschen – erst authentisch. Mitunter wurden jedoch zum Beispiel Absätze behutsam neu getrennt, um den Lesefluss zu erleichtern.

Um die Texte zu rekonstruieren, werden antiquarische Bücher von Lesegeräten gescannt und dann durch eine Software lesbar gemacht. Der so entstandene Text wird von Menschen gegengelesen und korrigiert – hierbei treten auch Fehler auf. Wenn Sie ebenfalls antiquarische Texte einreichen möchten, finden Sie weitere Informationen auf www.groels.de

Viel Freude bei der Lektüre wünscht Ihnen das Team des Gröls-Verlags.

Adressen

Verleger: Sophia Gröls, Im Borngrund 26, 61440 Oberursel

Externer Dienstleister für Distribution & Herstellung: BoD, In de Tarpen 42, 22848 Norderstedt

Unsere „Edition | Werke der Weltliteratur" hat den Anspruch, eine der größten und vollständigsten Sammlungen klassischer Literatur in deutscher Sprache zu sein. Nach und nach versammeln wir hier nicht nur die „üblichen Verdächtigen" von Goethe bis Schiller, sondern auch Kleinode der vergangenen Jahrhunderte, die – zu Unrecht – drohen, in Vergessenheit zu geraten. Wir kultivieren und kuratieren damit einen der wertvollsten Bereiche der abendländischen Kultur. Kleine Auswahl:

Francis Bacon • Neues Organon • **Balzac** • Glanz und Elend der Kurtisanen • **Joachim H. Campe** • Robinson der Jüngere • **Dante Alighieri** • Die Göttliche Komödie • **Daniel Defoe** • Robinson Crusoe • **Charles Dickens** • Oliver Twist • **Denis Diderot** • Jacques der Fatalist • **Fjodor Dostojewski** • Schuld und Sühne • **Arthur Conan Doyle** • Der Hund von Baskerville • **Marie von Ebner-Eschenbach** • Das Gemeindekind • **Elisabeth von Österreich** • Das Poetische Tagebuch • **Friedrich Engels** • Die Lage der arbeitenden Klasse • **Ludwig Feuerbach** • Das Wesen des Christentums • **Johann G. Fichte** • Reden an die deutsche Nation • **Fitzgerald** • Zärtlich ist die Nacht • **Flaubert** • Madame Bovary • **Gorch Fock** • Seefahrt ist not! • **Theodor Fontane** • Effi Briest • **Robert Musil** • Über die Dummheit • **Edgar Wallace** • Der Frosch mit der Maske • **Jakob Wassermann** • Der Fall Maurizius • **Oscar Wilde** • Das Bildnis des Dorian Grey • **Émile Zola** • Germinal • **Stefan Zweig** • Schachnovelle • **Hugo von Hofmannsthal** • Der Tor und der Tod • **Anton Tschechow** • Ein Heiratsantrag • **Arthur Schnitzler** • Reigen • **Friedrich Schiller** • Kabale und Liebe • **Nicolo Machiavelli** • Der Fürst • **Gotthold E. Lessing** • Nathan der Weise • **Augustinus** • Die Bekenntnisse des heiligen Augustinus • **Marcus Aurelius** • Selbstbetrachtungen • **Charles Baudelaire** • Die Blumen des Bösen • **Harriett Stowe** • Onkel Toms Hütte • **Walter Benjamin** • Deutsche Menschen • **Hugo Bettauer** • Die Stadt ohne Juden *und viele mehr….*

Oscar Wilde
Ernst sein ist alles

Theaterstück

Inhalt

Personen:

John Worthing, Friedensrichter.

Algernon Moncrieff.

Rev. Canon Chasuble, D. D.

Merriman, Diener.

Lane, Diener.

Lady Bracknell.

Hon. Gwendolen Fairfax, deren Tochter.

Cecily Cardew.

Miß Prism, Gouvernante.

Zeit: Gegenwart.

Erster Akt

Szene: Morgenzimmer in Algernons Wohnung. Das Zimmer ist luxuriös und künstlerisch eingerichtet. Man hört aus dem Nachbarzimmer den Ton eines Pianos.

(*Lane deckt für den Nachmittagstee. Nachdem die Musik aufgehört hat, tritt Algernon ein.*)

Algernon: Haben Sie gehört, was ich spielte, Lane?

Lane: Ich dachte, es schickt sich nicht, zu horchen.

Algernon: Das tut mir leid, um Ihretwillen. Ich spiele nicht ganz richtig – jeder kann richtig spielen –, aber ich spiele mit wundervollem Ausdruck. Soweit das Klavier in Betracht kommt, ist das Gefühl meine starke Seite. Die Wissenschaft spare ich mir fürs Leben auf.

Lane: Ja, gnädiger Herr.

Algernon: Und da ich gerade von der Wissenschaft des Lebens rede: haben Sie die Gurkenbrötchen für Lady Bracknell schneiden lassen?

Lane: Ja, gnädiger Herr. (*Reicht sie auf einem Teebrett.*)

Algernon (*prüft sie, nimmt zwei und setzt sich aufs Sofa*): Oh! ... Nebenbei, Lane, ich sehe aus Ihrem Buch, daß Donnerstag abend, als Lord Shoreman und Mr. Worthing bei mir aßen, acht Flaschen Champagner als verbraucht eingetragen sind.

Lane: Ja, gnädiger Herr; acht Flaschen und eine halbe.

Algernon: Woher kommt es, daß im Haushalt eines Junggesellen die Diener beständig den Champagner trinken? Ich frage nur aus Neugier.

Lane: Ich glaube, es liegt an der besseren Marke, gnädiger Herr. Ich habe oft bemerkt, daß in Ehehaushaltungen der Champagner selten von erster Qualität ist.

Algernon: Um des Himmels willen! Ist die Ehe so demoralisierend?

Lane: Ich glaube, die Ehe ist ein sehr angenehmer Stand, gnädiger Herr. Ich selbst habe bisher wenig Erfahrung darin. Ich bin erst einmal verheiratet gewesen. Das war infolge eines Mißverständnisses zwischen mir und einer jungen Dame.

Algernon (*gelangweilt*): Ich glaube, ich interessiere mich nicht sehr für Ihr Familienleben, Lane.

Lane: Nein, gnädiger Herr. Es ist nicht sehr interessant. Ich selber denke niemals daran.

Algernon: Sehr natürlich, scheint mir. Es ist gut so, Lane, ich danke Ihnen.

Lane: Danke, gnädiger Herr. (*Lane geht.*)

Algernon: Lanes Ansichten über die Ehe scheinen etwas locker zu sein. Wahrhaftig, wenn die unteren Klassen uns kein gutes Beispiel geben, wozu sind sie da noch gut? Sie scheinen als Gesamtheit gar kein Verständnis für moralische Verantwortung zu haben.

(*Lane tritt ein.*)

Lane: Mr. Ernst Worthing.

(*Jack tritt ein.*) (*Lane geht.*)

Algernon: Wie geht's dir, mein lieber Ernst? Was führt dich nach London?

Jack: Oh, das Vergnügen, das Vergnügen! Was sollte einen sonst irgendwohin führen? Du ißt, wie gewöhnlich, Algy!

Algernon (*steif*): Ich glaube, es ist Sitte in guter Gesellschaft, um fünf Uhr eine kleine Erfrischung zu nehmen. Wo bist du seit letztem Donnerstag gewesen?

Jack (*setzt sich aufs Sofa*): Auf dem Lande.

Algernon: Was in aller Welt hast du da zu tun?

Jack (*zieht die Handschuhe aus*): Wenn man in der Stadt ist, amüsiert man ***sich***, wenn man auf dem Lande ist, amüsiert man andere. Es ist furchtbar langweilig.

Algernon: Und ***wen*** amüsierst du?

Jack (*leicht*): Oh, Nachbarn, Nachbarn.

Algernon: Hast du nette Nachbarn auf deinem Sitz in Shropshire?

Jack: Abscheuliche! rede nie mit einem.

Algernon: Wie mußt du sie amüsieren! (*Steht auf und nimmt ein Brötchen.*) Nebenbei, Shropshire ist deine Grafschaft, nicht wahr?

Jack: Wie? Shropshire? Ja, natürlich. Hallo! Wozu all diese Tassen? Wozu Gurkenbrötchen? Wozu solche Verschwendung bei einem so jungen Menschen? Wer kommt zum Tee?

Algernon: Oh, nur Tante Auguste und Gwendolen.

Jack: Wie wundervoll!

Algernon: Ja, das ist alles recht schön und gut, aber ich fürchte, Tante Auguste wird nicht ganz damit einverstanden sein, daß du hier bist.

Jack: Darf ich fragen, warum?

Algernon: Mein lieber Junge, es ist einfach schändlich, wie du mit Gwendolen flirtest. Beinah so schlimm, wie Gwendolen mit dir flirtet.

Jack: Ich liebe Gwendolen. Ich bin eigens nach London gekommen, um ihr meinen Antrag zu machen.

Algernon: Ich dachte, du wärest zum Vergnügen gekommen? ... Das nenn' ich Geschäfte.

Jack: Wie unromantisch du bist!

Algernon: Ich sehe wirklich nichts Romantisches in einem Antrag. Es ist sehr romantisch, verliebt zu sein. Aber es liegt nichts Romantisches in einem bestimmten Antrag. Er kann sogar angenommen werden. Er wird es gewöhnlich, glaube ich. Und dann ist die ganze Aufregung vorüber. Das Wesen der Romantik ist die Ungewißheit. Wenn ich mich je verheirate, werde ich sicher versuchen, es zu vergessen.

Jack: Daran zweifle ich keinen Augenblick, lieber Algy. Für Leute, deren Gedächtnis so merkwürdig veranlagt ist, ist ausdrücklich der Ehescheidungs-Gerichtshof eingerichtet.

Algernon: Oh, es hat keinen Sinn, darüber nachzudenken. Ehescheidungen werden im Himmel geschlossen. (*Jack streckt die Hand nach einem Brötchen aus. Algernon protestiert sofort.*) Bitte, rühre die Gurkenbrötchen nicht an. Sie sind eigens für Tante Auguste bestellt. (*Nimmt eins und ißt es.*)

Jack: Du hast doch die ganze Zeit davon gegessen.

Algernon: Das ist ganz etwas anderes. Sie ist meine Tante. (*Nimmt eine Platte von unten.*) Nimm etwas Butterbrot. Die Butterbrote sind für Gwendolen. Gwendolen schwärmt für Butterbrot.

Jack (*tritt an den Tisch und bedient sich*): Und gut ist das Butterbrot.

Algernon: Nun, mein lieber Junge, du brauchst nicht zu essen, als wolltest du alles essen. Du tust, als wärest du schon mit ihr verheiratet, und ich glaube nicht, daß du es je sein wirst.

Jack: Warum meinst du das?

Algernon: Nun, erstens heiratet kein Mädchen den Mann, mit dem es flirtet. Sie halten es nicht für richtig.

Jack: Oh, das ist Unsinn!

Algernon: Das ist kein Unsinn. Es ist eine große Wahrheit. Es erklärt die ungewöhnlich hohe Zahl von Junggesellen, die man überall trifft. Und zweitens gebe ich meine Einwilligung nicht.

Jack: Deine Einwilligung?

Algernon: Mein lieber Junge, Gwendolen ist meine Cousine. Und ehe ich zugebe, daß du sie heiratest, mußt du die ganze Geschichte mit Cecily aufklären. (*Er schellt.*)

Jack: Cecily! Was in aller Welt meinst du, Algy? Cecily? Ich kenne niemand des Namens.

(*Lane tritt ein.*)

Algernon: Bringen Sie mir die Zigarettendose, die Mr. Worthing das letztemal im Eßzimmer vergessen hat.

Lane: Ja, gnädiger Herr.

(*Lane geht.*)

Jack: Willst du etwa sagen, du hättest die ganze Zeit meine Zigarettendose gehabt? Wollte Gott, du hättest es mich wissen lassen. Ich habe der Kriminalpolizei wilde Briefe deswegen geschrieben. Ich hätte beinahe eine große Belohnung ausgesetzt.

Algernon: Nun, ich wollte, du setztest noch eine aus. Ich bin gerade ungewöhnlich knapp an Geld.

Jack: Es hätte keinen Sinn, jetzt noch eine große Belohnung auszusetzen, da das Ding gefunden ist.

(*Lane tritt ein, mit der Zigarettendose auf einem Teebrett. Algernon nimmt sie sofort. Lane geht.*)

Algernon: Ich sollte meinen, das ist ziemlich gemein von dir, Ernst. Das muß ich sagen. (*Öffnet die Dose und prüft sie.*) Aber es tut nichts. Denn jetzt, da ich die Gravierung sehe, finde ich, daß die Dose überhaupt nicht dir gehört.

Jack: Natürlich gehört sie mir. (*Geht auf ihn zu.*) Du hast mich hundertmal damit gesehen, und du hast gar kein Recht, zu lesen, was da drinnen geschrieben steht. Es ist sehr unschicklich, zu lesen, was in einer privaten Zigarettendose eingraviert ist.

Algernon: Oh, es ist absurd, eine feste Regel aufzustellen, was man lesen sollte und was nicht. Mehr als die Hälfte der modernen Kultur stammt aus dem, was man nicht lesen sollte.

Jack: Das weiß ich recht gut, und ich habe keine Lust, über moderne Kultur zu reden. Darüber sollte man nie anders als öffentlich reden. Ich will nur meine Zigarettendose zurückhaben.

Algernon: Ja, aber es ist nicht deine Zigarettendose. Diese Zigarettendose ist ein Geschenk von jemand namens Cecily, und du sagtest, du kenntest niemand dieses Namens.

Jack: Nun, wenn du es durchaus wissen willst: Cecily ist meine Tante.

Algernon: Deine Tante?

Jack: Ja; eine reizende alte Dame. Wohnt in Tunbridge Wells. Nun gib sie mir wieder, Algy.

Algernon (*zieht sich hinter das Sofa zurück*): Aber warum nennt sie sich die kleine Cecily, wenn sie deine Tante ist und in Tunbridge Wells wohnt? (*Liest.*) »Von der kleinen Cecily mit herzlichem Gruß.«

Jack (*geht zum Sofa, kniet darauf*): Mein lieber Junge, was tut das? Einige Tanten sind groß, andere Tanten sind nicht groß. Das ist etwas, was man doch wohl den Tanten selbst überlassen kann. Du scheinst zu glauben, alle Tanten müßten wie deine Tante sein. Das ist absurd! Um Gottes willen, gib mir meine Zigarettendose zurück. (*Folgt Algernon um das Sofa.*)

Algernon: Ja, aber warum nennt deine Tante dich ihren Onkel? »Von der kleinen Cecily mit herzlichem Gruß Ihrem lieben Onkel Jack.« Dagegen läßt sich nichts sagen, das gebe ich zu, daß eine Tante eine kleine Tante ist. Aber warum eine Tante, wie groß oder klein sie auch sein mag, ihren eigenen Neffen ihren Onkel nennen sollte, das kann ich nicht einsehen. Außerdem ist dein Name gar nicht Jack; er ist Ernst.

Jack: Er ist nicht Ernst, er ist Jack.

Algernon: Du hast mir immer gesagt, er sei Ernst. Ich habe dich jedermann als Ernst vorgestellt. Du siehst aus, als wäre dein Name Ernst. Du bist der am ernstesten aussehende Mensch, der mir je begegnet ist. Es ist absurd, wenn du sagst, du hießest nicht Ernst. Es steht auf deinen Karten. Da ist eine. (*Nimmt sie von einer Schale.*) »Mr. Ernst Worthing, B. 4, the Albany.« Ich will das als Beweis behalten, daß du Ernst heißt, wenn du je versuchen solltest, es gegen mich oder Gwendolen oder sonst jemand zu leugnen. (*Steckt die Karte in die Tasche.*)

Jack: Nun, in der Stadt heiße ich Ernst, auf dem Lande Jack, und die Zigarettendose wurde mir auf dem Lande geschenkt.

Algernon: Ja, aber das erklärt immer noch nicht, warum deine kleine Tante Cecily, die in Tunbridge Wells wohnt, dich ihren lieben Onkel nennt. Komm, alter Junge, du rücktest besser gleich mit der ganzen Geschichte heraus.

Jack: Mein lieber Algy, du redest gerade, als wärest du ein Zahnarzt. Es ist sehr vulgär, wie ein Zahnarzt zu reden, wenn man kein Zahnarzt ist. Das macht einen falschen Eindruck.

Algernon: Nun, gerade das tun Zahnärzte immer. Also, vorwärts! Erzähle mir die ganze Geschichte. Ich kann dir sagen, daß ich dich immer in Verdacht gehabt habe, du seist ein geheimer Bunburyist; und jetzt weiß ich es sicher.

Jack: Bunburyist? Was in aller Welt meinst du mit Bunburyist?

Algernon: Ich will dir die Bedeutung dieses unvergleichlichen Wortes verraten, sobald du so freundlich bist, mir zu sagen, warum du Ernst in der Stadt und auf dem Lande Jack heißest.

Jack: Gut. Aber gib mir erst meine Zigarettendose.

Algernon: Da ist sie. (*Gibt ihm die Zigarettendose.*) Nun gib deine Erklärung und, bitte, mache sie nicht unwahrscheinlich. (*Setzt sich aufs Sofa.*)

Jack: Mein lieber Junge, meine Erklärung ist durchaus nicht unwahrscheinlich. Sie ist sogar ganz gewöhnlich. Der alte Mr. Thomas Cardew, der mich adoptierte, als ich ein kleiner Junge war, machte mich in seinem Testament zum Vormund seiner Enkelin, Miß Cecily Cardew. Cecily, die mich aus Gründen der Achtung, die du vermutlich nicht zu würdigen verstehst, als Onkel anredet, wohnt auf meinem Landsitz unter der Aufsicht ihrer vortrefflichen Gouvernante Miß Prism.

Algernon: Wo liegt der Landsitz, nebenbei?

Jack: Das geht dich nichts an, lieber Junge. Du wirst nicht eingeladen werden. ... Ich kann dir aber offen sagen, daß er nicht in Shropshire liegt.

Algernon: Das vermute ich, mein lieber Junge. Ich habe Shropshire zweimal ganz durchgebunburyiert. Nun weiter. Warum bist du Ernst in der Stadt und Jack auf dem Lande?

Jack: Mein lieber Algy, ich weiß nicht recht, ob du meine wahren Gründe verstehen wirst? Du bist schwerlich ernst genug. Wenn man die Stellung eines Vormundes einnimmt, muß man über alles mit moralischem Tonfall reden. Das ist eine Pflicht, und da ein moralischer Tonfall weder viel zur Gesundheit noch zum Glück beiträgt, so habe ich, um ab und zu nach London fahren zu können, vorgegeben, ich hätte einen jüngeren Bruder, namens Ernst, der in dem Albany wohne und die tollsten Streiche mache. Das, mein lieber Algy, ist die ganze Wahrheit, klar und einfach.

Algernon: Die Wahrheit ist selten klar und niemals einfach. Unser modernes Leben wäre sehr langweilig, wenn es anders wäre, und die moderne Literatur wäre ganz unmöglich.

Jack: Das wäre gar nicht so schlimm.

Algernon: Literarische Kritik ist nicht deine Stärke, mein lieber Junge. Versuch es nicht damit. Das solltest du Leuten überlassen, die nie auf der Universität waren. Sie tun es gut genug in den Zeitungen. Was du wirklich bist, will ich dir sagen. Du bist ein Bunburyist. Ich hatte ganz recht, als ich sagte, du seist ein Bunburyist. Du bist einer der fortgeschrittensten Bunburyisten, die ich kenne.

Jack: Was in aller Welt heißt das?

Algernon: Du hast einen sehr nützlichen jüngeren Bruder namens Ernst erfunden, um, sooft du wolltest, nach London kommen zu können. Ich habe einen unschätzbaren ewigen Invaliden namens Bunbury erfunden, um, sooft ich Lust habe, aufs Land gehen zu können. Bunbury ist ganz unschätzbar. Wenn zum Beispiel Bunburys ungewöhnlich schlechte Gesundheit nicht wäre, so könnte ich heute abend mit dir bei Willis speisen, denn ich bin seit mehr als einer Woche bei Tante Auguste verpflichtet.

Jack: Ich habe dich nicht eingeladen, irgendwo heut abend mit mir zu speisen.

Algernon: Ich weiß. Du bist furchtbar nachlässig mit dem Versenden von Einladungen. Das ist sehr töricht von dir. Nichts langweilt die Leute so sehr, wie wenn sie keine Einladung bekommen.

Jack: Du tätest viel besser daran, bei deiner Tante Auguste zu essen.

Algernon: Ich denke nicht daran, etwas Ähnliches zu tun. Erstens habe ich Montag bei ihr gegessen, und wenn man einmal die Woche bei seinen Verwandten ißt, so ist das ganz genug. Zweitens werde ich, sooft ich dort esse, als Familienmitglied behandelt und bekomme entweder ***keine*** Dame oder gleich zwei. Drittens weiß ich ganz genau, wen sie mir heute abend geben will. Sie will mich zu Mary Farquhar setzen, die immer über den Tisch weg mit ihrem eigenen Mann kokettiert. Das ist nicht sehr amüsant. Es ist nicht einmal anständig ... und solche Dinge nehmen rapid zu. Es ist ein Skandal, wie viele Frauen in London mit ihren eigenen Männern kokettieren. Das macht einen so schlechten Eindruck. Es heißt einfach, öffentlich seine reine Wäsche waschen. Und schließlich, da ich nun einmal weiß, daß du ein Bunburyist bist, will ich natürlich mit dir übers Bunburyieren reden. Ich will dir die Regeln sagen.

Jack: Ich bin kein Bunburyist. Wenn Gwendolen mich nimmt, will ich meinen Bruder töten. Ja, ich glaube, ich werde ihn auf jeden Fall töten. Cecily interessiert sich ein wenig zu sehr für ihn. Es ist eine wahre Qual. Daher will ich Ernst los werden. Und ich rate dir sehr, mit Mr. ..., mit deinem Freund, dem Invaliden, der den verrückten Namen hat, das gleiche zu tun.

Algernon: Nichts kann mich veranlassen, mich von Bunbury zu trennen, und wenn du je heiratest, was mir sehr problematisch erscheint, so wirst du froh sein, Bunbury zu kennen. Ein Mann, der heiratet, ohne Bunbury zu kennen, hat eine langweilige Zeit vor sich.

Jack: Das ist Unsinn. Wenn ich ein reizendes Mädchen wie Gwendolen heirate – und sie ist das einzige Mädchen von allen, die mir im Leben begegnet sind, das ich heiraten möchte – dann werde ich sicher nie danach verlangen, Bunbury kennenzulernen.

Algernon: Dann wird deine Frau danach verlangen. Du scheinst nicht zu wissen, daß in der Ehe ***drei*** Gesellschaft und zwei keine sind.

Jack (*sentenziös*): Das, mein lieber junger Freund, ist die Theorie, die das verderbte französische Drama seit den letzten fünfzig Jahren verbreitet.

Algernon: Jawohl, und die das glückliche englische Haus in der halben Zeit bewiesen hat.

Jack: Um Gottes willen, versuche nicht, zynisch zu werden. Es ist nicht so leicht, zynisch zu sein.

Algernon: Mein lieber Junge, es ist heutzutage nicht leicht, irgend etwas zu sein. Die Konkurrenz ist so schauerlich groß. (*Man hört eine elektrische Klingel läuten.*) Ah, das muß Tante Auguste sein. Nur Verwandte oder Gläubiger schellen so wagnerisch. Wenn ich sie jetzt auf zehn Minuten aus dem Wege räume, so daß du Gelegenheit hast, Gwendolen deinen Antrag zu machen, kann ich dann heut' abend mit dir bei Willis speisen?

Jack: Ich denke ja, wenn du willst.

Algernon: Ja, aber es muß dein Ernst sein. Ich hasse die Leute, die es mit dem Essen nicht Ernst nehmen. Es ist so oberflächlich.

(*Lane tritt ein.*)

Lane: Lady Bracknell, Miß Fairfax.

(*Algernon geht ihnen entgegen. Lady Bracknell, Miß Fairfax treten ein.*)

Lady Bracknell: Guten Tag, lieber Algernon, ich hoffe, du benimmst dich gut.

Algernon: Ich befinde mich sehr gut, Tante Auguste.

Lady Bracknell: Das ist nicht ganz dasselbe. Die beiden Dinge gehen sogar selten zusammen.

(*Sieht Jack und verneigt sich gegen ihn mit eisiger Kälte.*)

Algernon (*zu Gwendolen*): Himmel, bist du elegant!

Gwendolen: Ich bin immer elegant, nicht wahr, Mr. Worthing?

Jack: Sie sind immer vollkommen. Miß Fairfax.

Gwendolen: Oh, das hoffe ich nicht. Das ließe keinen Raum für Entwicklung, und ich habe die Absicht, mich in vielen Richtungen zu entwickeln.

(*Gwendolen und Jack setzen sich zusammen in einen Winkel.*)

Lady Bracknell: Es tut mir leid, daß wir ein wenig zu spät kommen, Algernon, aber ich mußte die gute Lady Harbury besuchen. Ich war seit dem Tode ihres Mannes nicht mehr bei ihr gewesen. Ich habe nie eine Frau so verändert gesehen; sie sieht um zwanzig Jahre jünger aus. Und jetzt nehme ich eine Tasse Tee und eins von den netten Gurkenbrötchen, die du mir versprochen hast.

Algernon: Gewiß, Tante Auguste. (*Geht zum Teetisch.*)

Lady Bracknell: Willst du nicht hierher kommen, Gwendolen?

Gwendolen: Danke, Mama, ich sitze ganz bequem hier.

Algernon (*nimmt entsetzt den leeren Teller auf*): Um Gottes willen! Lane! Sind keine Gurkenbrötchen da? Ich habe sie eigens bestellt.

Lane (*ernst*): Es gab keine Gurken heute morgen, gnädiger Herr. Ich bin zweimal hingegangen.

Algernon: Keine Gurken?

Lane: Nein, gnädiger Herr. Nicht für bares Geld.

Algernon: Es ist gut, Lane, ich danke Ihnen.

Lane: Ich danke Ihnen, gnädiger Herr.

(*Lane geht.*)

Algernon: Ich bin ganz bestürzt, Tante Auguste, daß es keine Gurken gab, nicht einmal für bares Geld.

Lady Bracknell: Es tut wirklich nichts, Algernon. Ich habe etwas bei Lady Harbury genossen, die nur noch zu ihrem Vergnügen zu leben scheint.

Algernon: Ich höre, ihr Haar ist vor Gram ganz goldig geworden.

Lady Bracknell: Es hat sicher seine Farbe gewechselt. Aus welchem Grunde, kann ich natürlich nicht sagen. (*Algernon kommt herüber und reicht Tee.*) Danke schön. Ich habe ein wahres Fest für dich heut abend, Algernon. Ich will dir Mary Farquhar zu Tisch geben. Sie ist eine reizende Frau und so aufmerksam gegen ihren Mann. Es ist ein Vergnügen, sie zu beobachten.

Algernon: Ich fürchte, Tante Auguste, ich muß auf das Vergnügen verzichten, heute abend bei dir zu speisen.

Lady Bracknell (*stirnrunzelnd*): Ich hoffe nicht, Algernon. Das würde meine Tischordnung ganz umwerfen. Dein Onkel müßte oben essen. Zum Glück ist er daran gewöhnt.

Algernon: Es ist furchtbar langweilig und – das brauche ich kaum zu sagen – für mich eine rechte Enttäuschung, aber ich habe gerade eben ein Telegramm bekommen, daß mein armer Freund Bunbury wieder sehr krank ist. (*Wechselt Blicke mit Jack.*) Man scheint zu glauben, ich sollte eigentlich bei ihm sein.

Lady Bracknell: Es ist seltsam, dieser Mr. Bunbury scheint unter einer merkwürdig schlechten Gesundheit zu leiden.

Algernon: Ja; der arme Bunbury ist ein schrecklicher Invalide.

Lady Bracknell: Nun, ich muß doch sagen, Algernon, ich dächte, es wäre die höchste Zeit, daß sich Mr. Bunbury darüber schlüssig würde, ob er leben oder sterben will. Dieses Hin und Her in der Sache ist einfach absurd. Ich billige auch gar nicht die moderne Sympathie für Invaliden. Ich halte sie für krankhaft. Krankheit irgendwelcher Art ist schwerlich etwas, was man bei anderen ermutigen sollte. Gesundheit ist die erste Pflicht im Leben. Das sage ich immer deinem armen Onkel, aber es scheint, er kümmert sich nicht viel darum. Ich wäre dir sehr verbunden, wenn du Mr.

Bunbury von mir aus bitten wolltest, er möchte so freundlich sein, Samstag keinen Rückfall zu bekommen; denn ich verlasse mich darauf, daß du meine Musik für mich arrangierst. Es ist mein letzter Empfang, und man braucht etwas, um die Unterhaltung in Gang zu bringen; besonders am Ende der Saison, wenn tatsächlich jedermann gesagt hat, was er zu sagen hatte; und das war in den meisten Fällen vermutlich nicht viel.

Algernon: Ich will mit Bunbury reden, Tante Auguste, wenn er noch bei Bewußtsein ist, und ich glaube, ich kann versprechen, daß er bis Samstag besser sein wird. Natürlich – die Musik ist eine schwierige Frage. Du weißt, spielt man gute Musik, so hören die Leute nicht zu, und spielt man schlechte Musik, so reden die Leute nicht. Aber ich will das Programm mit dir durchsehen, das ich entworfen habe, wenn du so freundlich sein willst, einen Augenblick in das nächste Zimmer zu kommen.

Lady Bracknell: Danke dir, Algernon. Es ist sehr freundlich von dir, daß du daran gedacht hast. (*Steht auf und folgt Algernon.*) Ich bin sicher, das Programm wird sehr hübsch sein, nach einigen Streichungen natürlich. Französische Lieder kann ich nicht gut zulassen. Die Leute meinen immer, sie seien unpassend, und sind entweder entrüstet, und das ist vulgär, oder sie lachen, und das ist noch schlimmer. Aber Deutsch klingt wie eine durchaus achtbare Sprache, und ich glaube auch, sie ist es. Gwendolen, du wirst mit mir kommen.

Gwendolen: Gewiß, Mama.

(*Lady Bracknell und Algernon gehen ins Musikzimmer. Gwendolen bleibt.*)

Jack: Schöner Tag gewesen, Miß Fairfax.

Gwendolen: Bitte, reden Sie nicht mit mir übers Wetter. Wenn die Leute mit mir vom Wetter reden, so bin ich immer ganz sicher, daß sie etwas anderes meinen. Das macht mich nervös.

Jack: Ich ***meine*** etwas anderes.

Gwendolen: Ich dachte es mir. Ich habe immer recht.

Jack: Und ich möchte gern die zeitweise Abwesenheit der Lady Bracknell ausnutzen ...

Gwendolen: Das würde ich Ihnen wirklich raten. Mama hat eine Art, plötzlich in ein Zimmer zurückzukommen, daß ich oft mit ihr darüber habe reden müssen!

Jack (*nervös*): Miß Fairfax, seitdem ich Sie kennengelernt habe, habe ich Sie mehr als irgendein Mädchen bewundert ... das ich kennengelernt habe ... seit ich Sie kennenlernte ...

Gwendolen: Ja, das weiß ich recht gut. Und ich habe oft gewünscht, daß Sie vor den Leuten etwas demonstrativer gewesen wären. Für mich haben Sie immer einen unwiderstehlichen Zauber gehabt. Schon ehe ich Sie kennenlernte, war ich nicht gleichgültig gegen Sie. (*Jack sieht sie starr an.*) Wir leben, wie Sie hoffentlich wissen, Mr. Worthing, in einer Zeit der Ideale. Das wird beständig in den teureren Monatsschriften erwähnt und in der Provinz schon von den Kanzeln gepredigt, so höre ich; und mein Ideal ist immer gewesen, jemand zu lieben, der Ernst heißt. In dem Namen liegt etwas, was unbedingtes Vertrauen einflößt. Den Augenblick, als Algernon mir zum ersten Male sagte, er habe einen Freund, namens Ernst, wußte ich, daß es mein Schicksal war, Sie zu lieben.

Jack: Sie lieben mich wirklich, Gwendolen?

Gwendolen: Leidenschaftlich!

Jack: Liebste! Sie wissen nicht, wie glücklich Sie mich machen.

Gwendolen: Mein Ernst!

Jack: Aber Sie wollen doch nicht sagen, wenn ich nicht Ernst hieße, könnten Sie mich nicht lieben?

Gwendolen: Aber Sie heißen Ernst?

Jack: Gewiß. Aber wenn ich nun anders hieße? Wollen Sie sagen, daß Sie mich dann nicht lieben könnten?

Gwendolen (*ausweichend*): Ah, das ist offenbar eine metaphysische Spekulation und hat, wie alle metaphysischen Spekulationen, sehr wenig mit den wirklichen Tatsachen des wirklichen Lebens zu tun, wie wir sie kennen.

Jack: Mir persönlich, Liebling, um ganz offen zu reden, mir liegt nicht viel an dem Namen Ernst ... Ich glaube, der Name paßt gar nicht zu mir.

Gwendolen: Er paßt ausgezeichnet zu Ihnen. Es ist ein göttlicher Name. Er hat eine eigne Musik. Er ruft Schwingungen wach.

Jack: Nun, wahrhaftig, Gwendolen, ich muß doch sagen, es gibt eine Menge anderer Namen, die viel hübscher sind. Mir scheint Jack zum Beispiel ein reizender Name.

Gwendolen: Jack? ... Nein, der Name hat wenig Musik, wenn er überhaupt welche hat. Er klingt nicht. Er ruft gar keine Schwingungen wach ... Ich habe mehrere Jacks gekannt, und alle, ohne Ausnahme, waren ungewöhnlich häßlich. Außerdem ist bekanntlich Jack eine Verstümmelung von John. Und mir tut jede Frau leid, die einen John heiratet. Sie würde wahrscheinlich nie den bezaubernden Genuß auch nur einer einzigen Minute der Einsamkeit kennenlernen. Der einzige Name, bei dem man sicher geht, ist Ernst.

Jack: Gwendolen, ich muß mich sofort taufen lassen – ich meine, wir müssen sofort heiraten. Es ist keine Zeit zu verlieren.

Gwendolen: Heiraten, Mr. Worthing?

Jack: Nun ... gewiß. Sie wissen, ich liebe Sie, und Sie ließen mich glauben, Miß Fairfax, ich sei Ihnen nicht ganz gleichgültig.

Gwendolen: Ich bete Sie an. Aber Sie haben mir noch keinen Antrag gemacht. Von Heirat ist nicht die Rede gewesen. Die Frage ist noch nicht einmal berührt worden.

Jack: Nun ... darf ich Ihnen jetzt meinen Antrag machen?

Gwendolen: Ich glaube, es wäre eine ausgezeichnete Gelegenheit. Und um Ihnen jede mögliche Enttäuschung zu ersparen, Mr. Worthing, will ich Ihnen im voraus sagen, daß ich entschlossen bin, Sie anzunehmen.

Jack: Gwendolen!

Gwendolen: Ja, Mr. Worthing; was haben Sie mir also zu sagen?

Jack: Sie wissen, was ich Ihnen zu sagen habe.

Gwendolen: Ja, aber Sie sagen es nicht.

Jack: Gwendolen, willst du mich heiraten? (*Kniet vor ihr.*)

Gwendolen: Natürlich will ich, Liebster. Wie lange du dazu gebraucht hast! Ich fürchte, du hast wenig Übung in Anträgen.

Jack: Liebste, ich habe niemand in der Welt außer dir geliebt.

Gwendolen: Ja, aber die Männer machen oft zur Übung Anträge. Wenigstens mein Bruder Gerald tut es. Alle meine Freundinnen behaupten es. Was für wundervoll blaue Augen du hast, Ernst! Sie sind ganz, ganz blau. Ich hoffe, du wirst mich immer so ansehen, besonders, wenn andere Leute dabei sind.

(*Lady Bracknell tritt ein.*)

Lady Bracknell: Mr. Worthing! Stehen Sie auf, mein Herr, aus dieser halbliegenden Stellung. Sie ist höchst unschicklich.

Gwendolen: Mama! (*Er versucht aufzustehen, sie hält ihn zurück.*) Ich muß dich bitten, dich zurückzuziehen. Außerdem ist Mr. Worthing noch nicht ganz fertig.

Lady Bracknell: Fertig – womit, wenn ich fragen darf?

Gwendolen: Ich bin mit Mr. Worthing verlobt, Mama.

(*Sie stehen zusammen auf.*)

Lady Bracknell: Verzeihung, du bist mit niemand verlobt. Wenn du mit jemand verlobt bist, werde ich oder dein Vater, wenn es ihm seine Gesundheit erlaubt, dich benachrichtigen. Eine Verlobung sollte ein junges Mädchen wie eine Überraschung treffen, wie eine angenehme oder unangenehme, je nachdem der Fall liegt. Sie ist schwerlich etwas, was man ihr allein überlassen könnte ... Und jetzt habe ich Ihnen einige Fragen zu stellen, Mr. Worthing. Während ich dieses Verhör vornehme, Gwendolen, wirst du unten im Wagen auf mich warten.

Gwendolen (*vorwurfsvoll*): Mama!

Lady Bracknell: Im Wagen, Gwendolen!

(*Gwendolen geht an die Tür. Sie und Jack werfen einander hinter Lady Bracknells Rücken Küsse zu. Lady Bracknell sieht sich unsicher um, als begriffe sie nicht, was für ein Geräusch das war. Schließlich dreht sie sich um.*)

Lady Bracknell: Gwendolen, im Wagen!

Gwendolen: Ja, Mama. (*Geht und sieht sich nach Jack um.*)

Lady Bracknell (*setzt sich*): Sie dürfen Platz nehmen, Mr. Worthing. (*Sucht in der Tasche nach Bleistift und Notizbuch.*)

Jack: Danke vielmals, Lady Bracknell, ich stehe lieber.

Lady Bracknell (*Bleistift und Notizbuch in der Hand*): Ich muß gestehen, daß Sie nicht auf meiner Liste der heiratsfähigen jungen Leute stehen, obgleich meine Liste dieselbe ist, die die gute Herzogin von Bolton hat. Wir arbeiten nämlich zusammen. Aber ich bin bereit, Ihren Namen einzutragen, wenn Ihre Antworten so sind, wie eine besorgte Mutter sie verlangt. – Rauchen Sie?

Jack: Nun, ja, ich muß zugeben, ich rauche.

Lady Bracknell: Das freut mich. Ein Mann sollte immer irgendwelche Beschäftigung haben. Es gibt sowieso schon viel zu viel müßige Männer. Wie alt sind Sie?

Jack: Neunundzwanzig.

Lady Bracknell: Ein vorzügliches Alter, um zu heiraten. – Ich bin stets der Meinung gewesen, ein Mann, der zu heiraten wünscht, sollte entweder alles oder nichts wissen. Was wissen Sie?

Jack (*nach einigem Zögern*): Ich weiß nichts, Lady Bracknell.

Lady Bracknell: Freut mich, zu hören. Ich billige nichts, was der natürlichen Unwissenheit Abbruch tut. Die Unwissenheit ist wie eine zarte exotische Blume. Man berühre sie, und der Flaum ist fort. Die ganze Theorie der modernen Erziehung ist absolut ungesund. Zum Glück bringt, wenigstens in England, die Erziehung absolut kein Resultat hervor. Wäre es anders, so wäre sie eine ernste Gefahr für die oberen Klassen, und sie würde vermutlich zu Gewalttaten auf dem Grosvenor-Square führen ... Welches ist Ihr Einkommen?

Jack: Zwischen hundertvierzig- und hundertsechzigtausend im Jahr.

Lady Bracknell (*notiert*): In Land oder Papieren?

Jack: Hauptsächlich in Papieren.

Lady Bracknell: Das ist zufriedenstellend. Teils wegen der Pflichten, die während des Lebens von einem erwartet werden und teils wegen der Pflichten, die man nach dem Tode erfüllen soll, bringt Land heute weder Vergnügen noch Nutzen. Es gibt einem eine Stellung und hindert einen, sie zu erhalten. Das ist alles, was man über Land sagen kann.

Jack: Ich habe natürlich einen Landsitz mit etwas Land dabei, etwa fünfzehnhundert Acker, glaube ich; aber mein Einkommen ist unabhängig davon. Soweit ich herausbekommen kann, sind die Wilddiebe die einzigen Leute, die etwas herausschlagen.

Lady Bracknell: Ein Landhaus! Wie viele Schlafzimmer? Nun, das kann später aufgeklärt werden. Sie haben hoffentlich ein Haus in der Stadt? Einem Mädchen von einfachem, unverdorbenem Charakter, wie Gwendolen, kann man schwerlich zumuten, auf dem Lande zu wohnen.

Jack: Ich habe zwar ein Haus auf dem Belgrave-Square, aber es ist auf ein Jahr an Lady Bloxham vermietet. Natürlich kann ich es wiederhaben, sobald ich will, nach sechs Monaten Kündigung.

Lady Bracknell: Lady Bloxham? Ich kenne sie nicht.

Jack: Oh, sie geht sehr wenig aus. Sie ist sehr alt.

Lady Bracknell: Ah, heutzutage ist das keine Garantie für Ehrbarkeit. Welche Nummer auf dem Belgrave-Square?

Jack: 149.

Lady Bracknell (*schüttelt den Kopf*): Die unmoderne Seite. Ich dachte mir schon, daß etwas dahinter steckt. Aber das ließe sich leicht ändern.

Jack: Meinen Sie die Mode oder die Seite?

Lady Bracknell (*streng*): Beides, denke ich. Welches ist Ihre Politik?

Jack: Nun, ich fürchte, ich habe keine Ansichten. Ich bin ein liberaler Unionist.

Lady Bracknell: Oh, die zählen als Tories. Sie dinieren bei uns. Oder kommen wenigstens abends. Jetzt zu den geringeren Dingen. Leben Ihre Eltern?

Jack: Ich habe beide Eltern verloren.

Lady Bracknell: Beide? … Das sieht wie Nachlässigkeit aus. Wer war Ihr Vater? Er war offenbar ein Mann von einigem Wohlstand. War er in dem, was die radikalen Zeitungen den Purpur des Handels nennen, geboren, oder entstammte er den Reihen der Aristokratie?

Jack: Ich fürchte, ich weiß es nicht genau. Ich habe nämlich meine Eltern ***verloren***, wie ich schon sagte, Lady Bracknell. Vielleicht wäre es genauer, zu sagen, daß meine Eltern ***mich*** verloren zu haben scheinen … Ich weiß tatsächlich nicht, wer ich von Geburt bin. Ich wurde … nun, ich wurde ***gefunden***.

Lady Bracknell: Gefunden?

Jack: Der verstorbene Doktor Thomas Cardew, ein alter Herr von sehr wohltätigem und freundlichem Charakter, hat mich gefunden und gab mir den Namen Worthing, weil er gerade ein Billett erster Klasse nach Worthing in der Tasche hatte. Worthing ist ein Ort in Sussex. Es ist Seebad.

Lady Bracknell: Wo hat der wohltätige alte Herr mit dem Billett erster Klasse nach diesem Seebad Sie gefunden?

Jack (*ernst*): In einer Reisetasche.

Lady Bracknell: Einer Reisetasche?

Jack (*sehr ernst*): Ja, Lady Bracknell. In einer Reisetasche – einer ziemlich großen schwarzledernen Reisetasche mit zwei Griffen – kurz, einer gewöhnlichen Reisetasche.

Lady Bracknell: Und wo hat dieser Mr. James oder Thomas Cardew diese gewöhnliche Reisetasche gefunden?

Jack: Im Gepäckraum des Viktoriabahnhofs. Sie wurde ihm aus Versehen an Stelle seiner eigenen gegeben.

Lady Bracknell: Im Gepäckraum des Viktoriabahnhofs?

Jack: Ja; auf der Brightonlinie.

Lady Bracknell: Die Linie ist unwesentlich. Mr. Worthing, ich muß gestehen, daß mich das, was Sie mir soeben erzählt haben, ein wenig bestürzt. In einer Reisetasche geboren oder mindestens aufgezogen zu werden, ob sie Griffe hatte oder nicht, das scheint mir auf eine Verachtung des gewöhnlichen Familienstandes zu deuten, die an die schlimmsten Ausschreitungen der französischen Revolution erinnert. Und ich denke, Sie wissen, wozu jene unglückliche Bewegung geführt hat. Was den besonderen Raum angeht, in dem die Reisetasche gefunden wurde, den Gepäckraum eines Bahnhofs, so könnte er dazu dienen, eine soziale Indiskretion zu verbergen – er ist wohl schon früher zu dem Zwecke benutzt worden –, aber man kann ihn kaum als eine sichere Basis für eine anerkannte Stellung in der guten Gesellschaft ansehen.

Jack: Darf ich Sie dann fragen, was Sie mir zu tun raten würden? Ich brauche kaum zu sagen, daß ich alles in der Welt tun würde, um Gwendolens Glück zu sichern.

Lady Bracknell: Ich würde Ihnen sehr raten, Mr. Worthing, daß Sie den Versuch machten, so bald wie möglich einige Verwandte herbeizuschaffen, wenigstens auf jeden Fall je einen Verwandten jedes Geschlechts, ehe die Saison vorüber ist.

Jack: Nun, ich sehe nicht recht, wie ich das anfangen sollte. Ich kann die Reisetasche jeden Augenblick herbeischaffen. Sie steht bei mir zu Hause im Ankleidezimmer. Ich meine wirklich, das müßte Ihnen genügen, Lady Bracknell.

Lady Bracknell: Mir, mein Herr! Was hat das mit mir zu tun? Sie können kaum annehmen, daß es mir und Lord Bracknell einfallen sollte, unserer einzigen Tochter – einem sorgfältig erzogenen Mädchen – zu erlauben, daß sie in einen Gepäckraum heiratet und sich mit einem Gepäckstück verbindet? Guten Abend, Mr. Worthing.

(*Lady Bracknell fegt in majestätischer Entrüstung hinaus.*)

Jack: Guten Abend! (*Algernon beginnt im anderen Zimmer den Hochzeitsmarsch zu spielen. Jack sieht wütend drein und geht an die Tür.*) Um Gottes willen, Algy, spiele nicht diese entsetzliche Melodie! Wie blödsinnig du bist!

Algernon: Ging denn nicht alles gut, alter Junge? Du willst doch nicht sagen, Gwendolen hätte dich abgewiesen? Sie tut es zwar sehr gern. Sie weist die Leute immer ab. Ich denke, es ist sehr unfreundlich von ihr.

Jack: Oh, mit Gwendolen ist alles in bester Ordnung. Soweit es auf sie ankommt, sind wir verlobt. Aber ihre Mutter ist unausstehlich. Hab' noch nie eine solche Gorgone gesehen ... Ich weiß nicht genau, wie eine Gorgone eigentlich aussieht, aber Lady Bracknell ist sicherlich eine. Jedenfalls ist sie ein Ungeheuer, ohne mythisch zu sein, und das ist sehr unpassend ... Verzeihung, Algy, ich sollte wohl von deiner Tante vor dir nicht so reden ...

Algernon: Mein lieber Junge, ich freue mich, wenn ich höre, daß man auf meine Verwandten schimpft. Das ist das einzige, was mich mit ihnen überhaupt noch versöhnt. Verwandte sind nur eine Gesellschaft von Leuten, die nicht im geringsten ahnen, wie man leben muß, noch den Takt besitzen, im rechten Augenblick zu sterben.

Jack: Oh, das ist Unsinn.

Algernon: Es ist kein Unsinn.

Jack: Nun, ich will nicht darüber streiten. Du willst immer über die Dinge streiten.

Algernon: Eben dazu sind die Dinge ursprünglich geschaffen.

Jack: Wenn ich das glaubte, auf mein Wort, ich schösse mir eine Kugel vor den Kopf ... (*Pause.*) Du glaubst doch nicht, daß Aussicht ist, Gwendolen könnte in den nächsten hundertundfünfzig Jahren ihrer Mutter ähnlich werden, nicht wahr, Algy?

Algernon: Alle Frauen werden wie ihre Mütter, das ist ihre Tragödie. Kein Mann wird wie seine Mutter, das ist seine Tragödie.

Jack: Ist das richtig?

Algernon: Es ist vortrefflich ausgedrückt! und gerade so wahr, wie jede Bemerkung im zivilisierten Leben sein sollte.

Jack: Ich habe die Klugheit herzlich satt. Jedermann ist klug heutzutage. Man kann nicht mehr ausgehen, ohne kluge Leute zu treffen. Es ist eine öffentliche Plage geworden. Ich wollte zu Gott, wir hätten noch ein paar Narren übrig behalten.

Algernon: Wir ***haben*** sie übrig behalten!

Jack: Ich möchte ihnen gern einmal begegnen. Worüber reden sie?

Algernon: Die Narren? Oh, über die Klugen natürlich!

Jack: Welche Narren?

Algernon: Nebenbei, hast du Gwendolen die Wahrheit gesagt? Daß du in der Stadt Ernst und auf dem Lande Jack bist?

Jack (*sehr patronisierend*): Mein lieber Junge! Die Wahrheit ist nicht gerade das, was man einem hübschen, reizenden, verwöhnten Mädchen sagt. Was für merkwürdige Vorstellungen du über die Art hast, mit Frauen umzugehen!

Algernon: Die einzige Art, mit einer Frau umzugehen, ist die, daß man ihr den Hof macht, wenn sie hübsch ist, und einer anderen, wenn sie häßlich ist.

Jack: Oh, das ist Unsinn.

Algernon: Und dein Bruder, der verworfene Ernst?

Jack: Oh, noch vor dem Ende der Woche werde ich ihn los sein. Ich werde sagen, er sei in Paris am Schlage gestorben. Viele Leute sterben ganz plötzlich am Schlage, nicht wahr?

Algernon: Ja, aber er ist erblich, mein lieber Junge. So etwas geht in Familien um. Du sagtest besser, an einer ernsten Erkältung.

Jack: Du bist sicher, daß eine ernste Erkältung nicht erblich ist, oder so etwas Ähnliches?

Algernon: Natürlich nicht!

Jack: Gut also. Mein armer Bruder Ernst wurde ganz plötzlich von einer ernsten Erkältung weggerafft. Das befreit mich von ihm.

Algernon: Aber ich meinte, du sagtest ... Miß Cardew interessiere sich ein wenig zu sehr für deinen armen Bruder Ernst. Wird sie den Verlust nicht schwer empfinden?

Jack: Oh, das tut nichts; Cecily ist kein albernes, romantisches Mädchen, Gott sei Dank. Sie hat famosen Appetit, macht lange Spaziergänge und kümmert sich gar nicht um ihren Unterricht.

Algernon: Ich möchte Cecily schon einmal sehen.

Jack: Ich werde dafür sorgen, daß das nie geschieht. Sie ist ungewöhnlich hübsch und erst eben achtzehn.

Algernon: Hast du Gwendolen erzählt, daß du ein ungewöhnlich hübsches Mündel von achtzehn Jahren hast?

Jack: Oh, so etwas schreit man den Leuten nicht entgegen. Cecily und Gwendolen werden sicher vorzügliche Freundinnen werden. Ich wette alles, was du willst, daß sie sich nach einer halben Stunde Schwestern nennen.

Algernon: Das tun Frauen immer erst dann, wenn sie sich vorher allerlei andere Namen gegeben haben. Nun, aber, mein lieber Junge, wenn wir noch einen guten Tisch bei Willis haben wollen, dann müssen wir wirklich gehen und uns anziehen. Weißt du, daß es fast sieben ist?

Jack (*reizbar*): Oh, es ist immer fast sieben.

Algernon: Aber ich habe Hunger.

Jack: Ich habe dich nie ohne Hunger gesehen.

Algernon: Was sollen wir nachher tun? Ins Theater gehen?

Jack: O nein! ich mag nichts hören.

Algernon: Oder laß uns in den Klub gehen.

Jack: O nein! Ich hasse das Reden.

Algernon: Vielleicht könnten wir um zehn ins Empire ziehen?

Jack: O nein! ich mag nichts ansehen; das ist so albern.

Algernon: Was wollen wir dann tun?

Jack: Nichts.

Algernon: Es ist so furchtbar schwer, nichts zu tun. Aber mir soll es einerlei sein, wenn nichts anderes zu finden ist.

(*Lane tritt ein.*)

Lane: Miß Fairfax.

(*Gwendolen tritt ein. Lane geht.*)

Algernon: Gwendolen, auf mein Wort!

Gwendolen: Algy, bitte, dreh' dich um. Ich habe Mr. Worthing etwas Besonderes zu sagen.

Algernon: Wahrhaftig, Gwendolen, ich glaube, ich kann das nicht erlauben.

Gwendolen: Algy, du nimmst immer eine ganz unmoralische Pose gegenüber dem Leben an. Dazu bist du nicht alt genug.

(*Algernon geht an den Kamin.*)

Jack: Liebste!

Gwendolen: Ernst, wir werden uns vielleicht nie heiraten können. Nach dem Ausdruck auf Mamas Gesicht zu urteilen, fürchte ich es. Heutzutage nehmen so wenig Eltern Rücksicht auf das, was ihre Kinder ihnen sagen. Die altmodische Achtung vor der Jugend stirbt rasch aus. Allen Einfluß, den ich je auf Mama hatte, habe ich mit drei Jahren verloren. Aber wenn sie uns auch hindern kann, Mann und Frau zu werden, und ich einen anderen heiraten muß, so kann sie doch nichts tun, was meine Liebe zu dir ändern könnte.

Jack: Liebe Gwendolen!

Gwendolen: Die Geschichte deiner romantischen Herkunft, die mir Mama mit unangenehmen Kommentaren erzählt hat, hat natürlich die tieferen Fibern meines Wesens erregt. Dein Vorname hat einen unwiderstehlichen Zauber. Die Einfachheit deines Charakters macht dich mir wundervoll unfaßbar. Deine Stadtadresse auf dem Albany habe ich. Welches ist deine Landadresse?

Jack: Woolton, Hertfordshire, Herrenhaus.

(*Algernon, der aufmerksam gelauscht hat, lächelt und schreibt die Adresse auf seine Manschette. Dann nimmt er ein Kursbuch zur Hand.*)

Gwendolen: Der Postdienst ist gut, hoffe ich. Es könnte nötig werden, etwas Verzweifeltes zu tun. Das würde natürlich ernste Überlegung erfordern. Ich will dir täglich Mitteilung machen.

Jack: Liebste!

Gwendolen: Wie lange bleibst du in der Stadt?

Jack: Bis Montag.

Gwendolen: Gut! Algy, du darfst dich wieder umdrehen.

Algernon: Danke, ich habe es schon getan.

Gwendolen: Du darfst auch schellen.

(*Algernon schellt.*)

Jack: Ich darf dich doch an den Wagen bringen, Liebling?

Gwendolen: Gewiß.

Jack (*zu Lane, der eben eintritt*): Ich werde Miß Fairfax hinunterführen.

Lane: Ja, gnädiger Herr.

(*Jack und Gwendolen gehen.*)

(*Lane reicht Algernon Briefe auf einem Teebrett. Man errät, daß es Rechnungen sind, da Algernon nur die Kuverts ansieht und sie dann zerreißt.*)

Algernon: Ein Glas Sherry, Lane.

Lane: Ja, gnädiger Herr.

Algernon: Morgen gehe ich bunburyieren, Lane.

Lane: Ja, gnädiger Herr.

Algernon: Ich werde wahrscheinlich nicht vor Montag zurückkommen. Sie können meine Gesellschaftsanzüge, meine Smokingjacke und alle Bunburyanzüge zurechtlegen ...

Lane: Ja, gnädiger Herr. (*Reicht den Sherry.*)

Algernon: Ich hoffe, morgen wird ein schöner Tag sein, Lane.

Lane: Das ist es nie, gnädiger Herr.

Algernon: Sie sind ein Pessimist, Lane.

Lane: Ich tue mein Bestes, um Sie zufriedenzustellen, gnädiger Herr.

(*Jack tritt ein. Lane geht.*)

Jack: Das ist ein verständiges, kluges Mädchen. Das einzige Mädchen, an dem mir jemals etwas gelegen hat. (*Algernon lacht unbändig.*) Worüber in aller Welt freust du dich?

Algernon: Oh, ich bin ein wenig um Bunbury besorgt. Weiter nichts.

Jack: Wenn du dich nicht in acht nimmst, wird dich dein Freund Bunbury eines Tages ernstlich in die Klemme bringen.

Algernon: Ich liebe Klemmen. Sie sind das einzige, was nie ernst ist.

Jack: Oh, das ist Unsinn, Algy. Du redest nie etwas anderes als Unsinn.

Algernon: Das tut niemand.

(*Jack sieht ihn entrüstet an und geht. Algernon zündet eine Zigarette an, liest seine Manschette und lächelt.*)

(*Vorhang.*)

Zweiter Akt

Szene: Garten bei dem Herrenhause. Eine graue steinerne Freitreppe führt zum Hause hinauf. Der Garten ist altmodisch, voll Rosen. Jahreszeit: Juli. Korbstühle und ein Tisch voll Bücher stehen unter einem großen Eibenbaum.

(*Miß Prism sitzt am Tisch. Cecily begießt im Hintergrund Blumen.*)

Miß Prism (*rufend*): Cecily, Cecily! Ich dächte, eine so militärische Beschäftigung wie Blumenbegießen wäre eher Moultons Pflicht als Ihre. Besonders, wenn geistige Genüsse auf Sie warten. Ihre deutsche Grammatik liegt auf dem Tisch. Bitte, schlagen Sie Seite fünfzehn auf. Wir wollen die Lektion von gestern wiederholen.

Cecily (*kommt sehr langsam näher*): Aber ich mag das Deutsche nicht. Es ist gar keine kleidsame Sprache. Ich weiß ganz genau, daß ich nach meiner deutschen Stunde immer häßlich aussehe.

Miß Prism: Kind, Sie wissen, wie viel Ihrem Vormund daran liegt, daß Sie in allem tüchtige Fortschritte machen. Er legte besonderes Gewicht auf Ihr Deutsch, als er gestern in die Stadt fuhr. Er legt immer besonderes Gewicht auf Ihr Deutsch, wenn er in die Stadt fährt.

Cecily: Der liebe Onkel Jack ist so furchtbar ernst. Mitunter ist er so ernst, daß ich fast glaube, er ist nicht ganz wohl.

Miß Prism (*richtet sich auf*): Ihr Vormund erfreut sich der besten Gesundheit, und der Ernst seines Auftretens ist bei einem so jungen Manne eine besondere Empfehlung. Ich kenne niemand, der von Pflicht und Verantwortung höher denkt als er.

Cecily: Ich glaube, darum sieht er auch oft so gelangweilt aus, wenn wir drei zusammen sind.

Miß Prism: Cecily! Ich bin erstaunt über Sie. Mr. Worthing hat manchen Kummer im Leben. Eitle Lustigkeit und Trivialität wären in seiner Unterhaltung nicht am Platz. Sie dürfen seine beständige Sorge um jenen unglücklichen jungen Mann, seinen Bruder, nicht vergessen.

Cecily: Ich wollte, Onkel Jack erlaubte dem unglücklichen jungen Mann, seinem Bruder, bisweilen hierher zu kommen. Wir könnten einen guten Einfluß auf ihn ausüben. Ich bin sicher, Sie würden es tun. Sie kennen Deutsch und Geologie, und so etwas übt einen großen Einfluß auf einen Mann aus.

(*Cecily beginnt in ihrem Tagebuch zu schreiben.*)

Miß Prism (*schüttelt den Kopf*): Ich glaube nicht, daß selbst ich bei einem Charakter etwas ausrichten könnte, der nach dem Geständnis seines eigenen Bruders unverbesserlich schwach und schwankend ist. Ja, ich glaube, ich würde gar nicht wünschen, ihn zu bekehren. Ich billige diese moderne Manie nicht, die im Augenblick aus schlechten Menschen gute machen will. Wie ein Mann sät, so soll er ernten. Sie müssen Ihr Tagebuch weglegen, Cecily. Ich sehe nicht ein, warum Sie überhaupt ein Tagebuch führen.

Cecily: Ich führe ein Tagebuch, um die wunderbaren Geheimnisse meines Lebens einzutragen. Wenn ich sie nicht niederschreibe, würde ich vermutlich alles vergessen.

Miß Prism: Meine liebe Cecily, das Gedächtnis ist das Tagebuch, das wir alle mit uns führen.

Cecily: Ja, aber es verzeichnet meistens die Dinge, die sich nie ereignet haben und sich gar nicht haben ereignen können. Ich glaube, das Gedächtnis ist für beinah alle dreibändigen Romane verantwortlich, die uns Mudie schickt.

Miß Prism: Reden Sie nicht verächtlich von dem dreibändigen Roman, Cecily. Ich habe selbst in früheren Tagen einen geschrieben.

Cecily: Wirklich, Miß Prism? Wie wundervoll klug Sie sind! Hoffentlich endete er nicht glücklich? Ich mag keine Romane, die glücklich enden. Sie sind so traurig.

Miß Prism: Die Guten endeten glücklich, die Bösen unglücklich. Das ist der Sinn der Romandichtung.

Cecily: Ich glaube auch. Aber es scheint so ungerecht zu sein. Und ist Ihr Roman gedruckt worden?

Miß Prism: Ach nein! Das Manuskript wurde leider aufgegeben. Ich meine, es ist verlorengegangen oder verlegt worden. Für Ihre Arbeit, Kind, sind diese Spekulationen nutzlos.

Cecily (*lächelnd*): Aber ich sehe den guten Doktor Chasuble den Garten heraufkommen.

Miß Prism (*sieht auf und geht ihm entgegen*): Doktor Chasuble! Das ist wirklich ein Vergnügen.

(*Der Kanonikus Chasuble tritt ein.*)

Chasuble: Und wie geht's uns heute morgen, Miß Prism, ich hoffe, es geht Ihnen gut?

Cecily: Miß Prism hat gerade über leichte Kopfschmerzen geklagt. Ich glaube, es würde ihr wohltun, ein wenig mit Ihnen im Park spazierenzugehen, Doktor Chasuble.

Miß Prism: Cecily, ich habe nichts von Kopfweh erwähnt.

Cecily: Nein, liebe Miß Prism, ich weiß. Aber ich fühlte instinktiv, daß Sie Kopfweh hätten. Ich dachte nämlich nur daran und nicht an meine deutsche Stunde, als der Rektor eintrat.

Chasuble: Ich hoffe, Cecily, Sie sind nicht unaufmerksam.

Cecily: Oh, ich fürchte doch.

Chasuble: Das ist seltsam. Wäre ich glücklich genug, Miß Prisms Schüler zu sein, ich würde an ihren Lippen hängen. (*Miß Prism blickt starr.*) Ich sprach metaphorisch. – Meine Metapher war von den Bienen genommen. Ahem! Mr. Worthing ist wohl noch nicht aus der Stadt zurück?

Miß Prism: Wir erwarten ihn nicht vor Montag nachmittag.

Chasuble: O ja, er liebt es, seinen Sonntag in der Stadt zu verbringen. Er gehört nicht zu denen, deren einziges Ziel der Genuß ist, wie jedenfalls jener unglückliche junge Mann, sein Bruder. Aber ich darf Egeria und ihre Schülerin nicht länger stören.

Miß Prism: Egeria? Ich heiße Laetitia, Doktor.

Chasuble (*verneigt sich*): Nur eine klassische Anspielung aus den heidnischen Autoren. Ich werde Sie beide wohl beim Abendgebet sehen?

Miß Prism: Ich glaube, lieber Doktor, ich will doch einen Spaziergang mit Ihnen machen. Ich sehe, ich habe wirklich Kopfweh, und es könnte mir gut tun.

Chasuble: Mit Vergnügen, Miß Prism, mit Vergnügen. Wir könnten bis zu den Schulen gehen und dann umkehren.

Miß Prism: Das wäre wundervoll. Cecily, Sie lesen Ihre Nationalökonomie während meiner Abwesenheit. Das Kapitel über das Sinken der Rupien können Sie auslassen. Es ist etwas zu sensationell. Selbst die Metallprobleme haben ihre melodramatische Seite. (*Geht mit Doktor Chasuble den Garten hinunter.*)

Cecily (*nimmt die Bücher und wirft sie auf den Tisch zurück*). Schreckliche Nationalökonomie! Schreckliche Geographie! Schreckliches, schreckliches Deutsch!

(*Merriman tritt auf mit einer Karte auf einem Teebrett.*)

Merryman: Mr. Ernst Worthing ist gerade vom Bahnhof gekommen. Er hat sein Gepäck mitgebracht.

Cecily (*nimmt die Karte und liest*): »Mr. Ernst Worthing, B. 4, The Albany, W.« Onkel Jacks Bruder! Haben Sie ihm gesagt, Mr. Worthing sei in London?

Merriman: Ja, gnädiges Fräulein. Er schien sehr enttäuscht. Ich sagte, Sie und Miß Prism seien im Garten. Er sagte, er möchte Sie einen Augenblick privatim sprechen.

Cecily: Bitten Sie Mr. Ernst Worthing, herzukommen. Vielleicht täten Sie gut, mit der Wirtschafterin wegen eines Zimmers für ihn zu reden.

Merriman: Ja, gnädiges Fräulein.

(*Merriman geht.*)

Cecily: Ich habe noch nie einen wirklich verdorbenen Menschen gesehen. Ich bin ganz erschreckt. Ich fürchte, er sieht wie alle andern aus. (*Algernon tritt ein, sehr lustig und artig.*) Wahrhaftig.

Algernon (*lüftet den Hut*): Sie sind gewiß meine kleine Cousine Cecily.

Cecily: Sie sind in einem merkwürdigen Irrtum. Ich bin nicht klein. Ich bin sogar ungewöhnlich groß für mein Alter, glaube ich. (*Algernon ist ziemlich stutzig.*) Aber ich bin Ihre Cousine Cecily. Sie sind, wie ich auf Ihrer Karte sehe, Onkel Jacks Bruder, mein Vetter Ernst, mein böser Vetter Ernst.

Algernon: Oh, ich bin nicht eigentlich böse, Cousine Cecily. Sie müssen nicht glauben, daß ich böse sei.

Cecily: Wenn Sie nicht böse sind, haben Sie uns alle unverantwortlich hintergangen. Ich hoffe, Sie haben kein Doppelleben geführt, indem Sie vorgaben, Sie seien böse, und dabei die ganze Zeit gut waren? Das wäre Heuchelei.

Algernon (*steht sie erstaunt an*): Oh, natürlich war ich ziemlich leichtsinnig.

Cecily: Das freut mich.

Algernon: Ich bin sogar, da Sie einmal davon reden, auf meine kleine Art recht schlimm gewesen.

Cecily: Ich glaube, darauf sollten Sie nicht so stolz sein, obgleich es gewiß recht amüsant gewesen sein muß.

Algernon: Es ist viel amüsanter, hier bei Ihnen zu sein.

Cecily: Ich begreife nicht, wie Sie überhaupt hierher kommen. Onkel Jack wird erst Montag nachmittag zurückkehren.

Algernon: Das ist eine rechte Enttäuschung. Ich muß mit dem ersten Zug Montag früh fahren. Ich habe eine geschäftliche Verabredung, die ich ... versäumen möchte.

Cecily: Können Sie sie nicht anderswo als in London versäumen?

Algernon: Nein; die Verabredung ist in London.

Cecily: Nun, ich weiß natürlich, wieviel darauf ankommt, eine geschäftliche Verabredung nicht zu halten, wenn man nicht den Sinn für die Schönheit des Lebens verlieren will. Aber ich denke doch, Sie sollten warten, bis Onkel Jack ankommt. Ich weiß, er will mit Ihnen über Ihre Auswanderung reden.

Algernon: Über was?

Cecily: Über Ihre Auswanderung. Er ist in der Stadt, um Ihre Ausrüstung zu kaufen.

Algernon: Ich würde Jack sich er nicht meine Ausrüstung kaufen lassen. Er hat gar keinen Geschmack in Krawatten.

Cecily: Ich fürchte, Sie werden keine Krawatten nötig haben. Onkel Jack will Sie nach Australien schicken.

Algernon: Australien! Ich stürbe lieber.

Cecily: Nun, er sagte Mittwoch abend beim Diner, Sie hätten zwischen dieser Welt, der nächsten und Australien zu wählen.

Algernon: Aber die Berichte, die ich aus Australien und der nächsten Welt habe, sind nicht gerade ermutigend. Diese Welt ist gut genug für mich, Cousine Cecily.

Cecily: Ja, aber sind Sie gut genug für sie?

Algernon: Ich fürchte, Sie haben recht. Deshalb müssen Sie mich bessern. Sie könnten das zu Ihrer Aufgabe machen, Cousine Cecily, wenn es Ihnen nicht zu viel Mühe ist.

Cecily: Ich fürchte, ich habe keine Zeit ... heute nachmittag.

Algernon: Ist es Ihnen dann recht, wenn ich mich heute nachmittag selber bessere?

Cecily: Das klingt etwas Don Quixotisch. Aber Sie können es ja einmal versuchen.

Algernon: Ich will es versuchen. Ich fühle mich schon besser.

Cecily: Sie sehen ein wenig schlechter aus.

Algernon: Weil ich Hunger habe.

Cecily: Wie gedankenlos von mir! Ich hätte daran denken müssen, daß jemand, der ein ganz neues Leben führen will, regelmäßige und tüchtige Mahlzeiten braucht. Wollen Sie nicht hereinkommen?

Algernon: Danke. Kann ich erst eine Blume fürs Knopfloch haben? Ich habe nie Appetit, wenn ich keine Blume habe.

Cecily: Eine Marschall-Niel! (*Nimmt die Schere.*)

Algernon: Nein, lieber eine Nelkenrose.

Cecily: Warum? (*Schneidet eine Rose.*)

Algernon: Weil Sie wie eine Nelkenrose sind, Cousine Cecily.

Cecily: Ich glaube nicht, daß es recht ist, wenn Sie so mit mir reden. Miß Prism redet niemals so mit mir.

Algernon: Dann ist Miß Prism eine kurzsichtige alte Dame. (*Cecily steckt ihm die Rose ins Knopfloch.*) Sie sind das hübscheste Mädchen, das ich je gesehen habe.

Cecily: Miß Prism sagt, alle Schönheit sei eine Falle.

Algernon: Sie ist eine Falle, in der sich jeder verständige Mann gern fangen ließe.

Cecily: Oh, ich glaube nicht, daß mir viel daran läge, einen verständigen Mann zu fangen. Ich wüßte nicht, was ich mit ihm reden sollte.

(*Sie gehen ins Haus. Miß Prism und Doktor Chasuble kommen zurück.*)

Miß Prism: Sie sind zuviel allein, lieber Doktor Chasuble. Sie sollten heiraten. Einen Misanthropen kann ich begreifen, einen Frauenthropen nicht.

Chasuble (*mit dem Schauder des Gelehrten*): Glauben Sie mir, eine so neologische Phrase verdiene ich nicht. Die Vorschrift sowohl wie die Praxis der ersten Kirche richtete sich ausdrücklich gegen die Ehe.

Miß Prism (*sentenziös*): Das ist offenbar der Grund, warum die erste Kirche nicht bis zum heutigen Lage gedauert hat. Und Sie scheinen nicht zu bemerken, lieber Doktor, daß sich ein Mann, der hartnäckig allein bleibt, zu einer dauernden öffentlichen Versuchung macht. Die Männer sollten vorsichtiger sein; eben die Ehelosigkeit führt schwächere Naturen in die Irre.

Chasuble: Aber ist ein verheirateter Mann nicht ebenso anziehend?

Miß Prism: Kein verheirateter Mann ist anziehend, außer für seine Frau.

Chasuble: Und oft, habe ich gehört, nicht einmal für sie.

Miß Prism: Das hängt von den geistigen Sympathien der Frau ab. Auf die Reife kann man sich immer verlassen. Junge Frauen sind grün. (*Doktor Chasuble wird unruhig.*) Ich redete metaphorisch. Meine Metapher war von den Früchten genommen. Aber wo ist Cecily?

Chasuble: Vielleicht ist sie uns zu den Schulen gefolgt.

(*Jack tritt auf, vom Hintergrunde her. Er ist in tiefe Trauer gekleidet, mit Trauerband um den Hut und schwarzen Handschuhen.*)

Miß Prism: Mr. Worthing!

Chasuble: Mr. Worthing!

Miß Prism: Das ist eine Überraschung! Wir erwarteten Sie erst Montag nachmittag.

Jack (*schüttelt Miß Prism mit tragischer Geste die Hand*): Ich bin eher zurückgekehrt, als ich erwartete. Doktor Chasuble, ich hoffe, es geht Ihnen gut?

Chasuble: Lieber Mr. Worthing, ich hoffe, dieses Gewand des Schmerzes bedeutet nicht ein furchtbares Unglück?

Jack: Meinen Bruder.

Miß Prism: Noch schmählichere Schulden und Verschwendung?

Chasuble: Noch immer ein Leben der Lust führend?

Jack (*schüttelt den Kopf*): Tot!

Chasuble: Ihr Bruder Ernst tot?

Jack: Ja, tot.

Miß Prism: Was für eine Lehre für ihn! Ich hoffe, er wird Nutzen daraus ziehen.

Chasuble: Lieber Mr. Worthing, ich spreche Ihnen mein herzlichstes Beileid aus. Wenigstens haben Sie den Trost, daß Sie ihm stets der großmütigste und nachsichtigste Bruder waren.

Jack: Der arme Ernst! Er hatte viel Fehler, aber es ist ein harter, harter Schlag.

Chasuble: Ja, es ist hart. Waren Sie bei ihm, als er starb?

Jack: Nein, er starb im Ausland; in Paris. Ich erhielt gestern abend ein Telegramm von dem Leiter des Grand Hotel.

Chasuble: Ist die Todesursache genannt worden?

Jack: Eine ernste Erkältung, so scheint es.

Miß Prism: Wie der Mann säet, so soll er ernten.

Chasuble (*erhebt die Hand*): Erbarmen, liebe Miß Prism, Erbarmen! Keiner von uns ist vollkommen. Ich selber bin besonders empfindlich gegen Zugluft. Wird die Beerdigung hier stattfinden?

Jack: Nein. Er scheint den Wunsch ausgesprochen zu haben, in Paris begraben zu werden.

Chasuble: In Paris! (*Schüttelt den Kopf.*) Ich fürchte, das deutet nicht auf allzu großen Ernst im letzten Augenblick. Sie werden wahrscheinlich wünschen, daß ich nächsten Sonntag eine leichte Anspielung auf diesen furchtbaren häuslichen Kummer mache? (*Jack drückt ihm krampfhaft die Hand.*) Meine Predigt über die Bedeutung des Mannas in der Wüste läßt sich beinah auf jede Gelegenheit anpassen, auf eine freudige oder, wie gegenwärtig, eine traurige. (*Alle seufzen.*) Ich habe sie bei Erntefesten, Taufen, Konfirmationen, an Tagen der Demütigung und an festlichen Tagen gehalten. Das letztemal hielt ich sie in der Kathedrale als Wohltätigkeitspredigt zugunsten der Gesellschaft zur Verhinderung der Unzufriedenheit in den oberen Klassen. Der Bischof, der anwesend war, war sehr überrascht von einigen Analogien, die ich einflocht.

Jack: Ah, da fällt mir ein, Sie sprachen vom Taufen. Ich denke, Doktor Chasuble, Sie können nach allen Regeln taufen. (*Doktor Chasuble sieht erstaunt drein.*) Ich meine natürlich, Sie taufen beständig, nicht wahr?

Miß Prism: Es ist leider eine der häufigsten Pflichten des Rektors in dieser Pfarre. Ich habe oft mit den ärmeren Leuten darüber geredet. Aber sie scheinen nicht zu wissen, was Enthaltsamkeit ist.

Chasuble: Aber nehmen Sie an irgendeinem Kinde besonderes Interesse, Mr. Worthing? Ihr Bruder, glaube ich, war unverheiratet, nicht wahr?

Jack: Oh, ja.

Miß Prism (*bitter*): Leute, die nur ihrem Vergnügen leben, sind gewöhnlich unverheiratet.

Jack: Aber es handelt sich nicht um ein Kind, lieber Doktor. Ich mag Kinder sehr gern. Aber diesmal, nein. Ich möchte nämlich heut nachmittag selber getauft werden, wenn Sie nichts Besseres zu tun haben.

Chasuble: Aber, Mr. Worthing, Sie sind doch schon getauft?

Jack: Ich erinnere mich nicht.

Chasuble: Aber haben Sie ernste Zweifel in dieser Hinsicht?

Jack: Jedenfalls will ich sie haben. Natürlich weiß ich nicht, ob Ihnen das in irgendeiner Weise Mühe macht, oder ob Sie etwa meinen, ich sei jetzt ein wenig zu alt?

Chasuble: Durchaus nicht. Das Besprengen und sogar das Untertauchen Erwachsener ist ein durchaus kanonischer Brauch.

Jack: Das Untertauchen!

Chasuble: Sie brauchen keine Befürchtungen zu hegen. Nur das Besprengen ist nötig und, glaube ich, ratsam. Unser Wetter ist so veränderlich ... Um wieviel Uhr wünschen Sie, daß die Zeremonie vor sich gehe?

Jack: Oh, ich könnte gegen fünf Uhr herumkommen, wenn Ihnen das passen würde.

Chasuble: Ausgezeichnet, ausgezeichnet! Ich habe sogar zwei ähnliche Zeremonien zu gleicher Zeit vorzunehmen. Zwillinge, die kürzlich in einer der äußeren Hütten Ihres eigenen Besitzes geboren wurden. Der Fuhrmann Jenkins, ein armer, sehr fleißiger Mann.

Jack: Oh, ich finde nicht viel Vergnügen daran, zusammen mit anderen Babys getauft zu werden. Das wäre kindisch. Paßt Ihnen halb sechs?

Chasuble: Vortrefflich, vortrefflich! (*Zieht die Uhr.*) Und nun, lieber Mr. Worthing, will ich mich nicht länger in ein Haus der Trauer drängen. Ich wollte Sie nur noch bitten, sich nicht zu sehr vom Kummer beugen zu lassen. Was uns bittere Heimsuchungen zu sein scheinen, sind oft verhüllte Segnungen.

Miß Prism: Dies scheint mir eine ziemlich unverhüllte Segnung zu sein.

(*Cecily kommt aus dem Hause.*)

Cecily: Onkel Jack! Oh, das freut mich, daß du zurück bist. Aber was für entsetzliche Kleider hast du an? Bitte, geh und zieh dich um.

Miß Prism: Cecily!

Chasuble: Mein Kind! mein Kind!

(*Cecily geht zu Jack. Er küßt sie melancholisch auf die Stirn.*)

Cecily: Was gibt es, Onkel Jack? Bitte, sieh glücklich aus! Du siehst aus, als wenn du Zahnschmerzen hättest, und ich habe eine solche Überraschung für dich. Wer, meinst du, ist im Speisezimmer? Dein Bruder!

Jack: Wer?

Cecily: Dein Bruder Ernst. Er ist vor einer halben Stunde angekommen.

Jack: Was für ein Unsinn! Ich habe keinen Bruder.

Cecily: Oh, rede nicht so. Wie schlecht er sich auch in der Vergangenheit gegen dich benommen haben mag, er bleibt doch dein Bruder. Du kannst nicht so herzlos sein, ihn zu verleugnen. Ich will ihm sagen, daß er kommen soll. Und du wirst ihm die Hand geben, nicht wahr, Onkel Jack?

(*Läuft ins Haus zurück.*)

Chasuble: Das ist eine freudige Nachricht.

Miß Prism: Nachdem wir uns alle mit seinem Verlust abgefunden hatten, scheint mir seine Rückkehr besonders traurig.

Jack: Mein Bruder im Eßzimmer? Ich weiß nicht, was das alles bedeutet. Es scheint mir ganz absurd.

(*Algernon und Cecily kommen Hand in Hand. Sie nähern sich Jack langsam.*)

Jack: Um Gottes willen! (*Winkt Algernon fort.*)

Algernon: Bruder John, ich bin aus London gekommen, um dir zu sagen, daß ich bereue, dir so viel Sorge gemacht zu haben, und daß ich in Zukunft ein besseres Leben führen will. (*Jack starrt ihn an und nimmt seine Hand nicht.*)

Cecily: Onkel Jack, du wirst doch nicht die Hand deines eigenen Bruders zurückweisen?

Jack: Nichts soll mich veranlassen, seine Hand anzunehmen. Ich finde es einfach schmählich, daß er hierhergekommen ist. Er weiß schon, warum.

Cecily: Onkel Jack, bitte, sei nett. ***Etwas*** Gutes liegt in jedem. Ernst hat mir eben von seinem armen, invaliden Freunde, Mr. Bunbury, erzählt, den er sooft besucht. Und an ***dem*** muß ***manches*** Gute sein, der so gut zu einem Invaliden ist und die Freuden Londons im Stich läßt, um an einem Krankenbett zu sitzen.

Jack: Oh, er hat von Bunbury gesprochen? So?

Cecily: Ja, er hat mir die ganze Geschichte von dem armen Bunbury und seiner furchtbaren Krankheit erzählt.

Jack: Bunbury! Ich will nicht, daß er mit dir über Bunbury oder irgend etwas sonst rede. Es genügt, einen wahnsinnig zu machen.

Algernon: Ich gebe natürlich zu, daß alle Fehler auf meiner Seite waren. Aber ich muß gestehen, daß mir Bruder Johns Kälte sehr schmerzlich ist. Ich erwartete einen freundlicheren Empfang, zumal es das erstemal ist, daß ich hier bin.

Cecily: Onkel Jack, wenn du Ernst nicht die Hand gibst, verzeihe ich dir nie.

Jack: Du verzeihst mir nie?

Cecily: Nie, nie, nie!

Jack: Nun, das ist das letztemal, daß ich es tue.

(*Gibt Algernon die Hand und starrt ihn an.*)

Chasuble: Es ist schön, nicht wahr, eine Versöhnung zu sehen? Ich denke, wir könnten die beiden Brüder allein lassen.

Miß Prism: Cecily, Sie werden mit mir kommen.

Cecily: Gewiß, Miß Prism. Meine kleine Aufgabe der Versöhnung ist zu Ende.

Chasuble: Sie haben heute eine schöne Tat getan, liebes Kind.

Miß Prism: Wir dürfen uns in unserm Urteil nicht übereilen.

Cecily: Ich bin sehr glücklich.

(*Alle gehen.*)

Jack: Du junger Halunke, Algy, du mußt sobald wie möglich fort von hier. Ich erlaube kein Bunburyieren hier.

(*Merriman tritt auf.*)

Merriman: Ich habe Mr. Ernsts Sachen in das Zimmer neben Ihrem untergebracht, gnädiger Herr. Hoffentlich ist es so recht?

Jack: Was?

Merriman: Mr. Ernsts Gepäck, gnädiger Herr. Ich habe es ausgepackt und in das Zimmer neben Ihrem gebracht.

Jack: Sein Gepäck?

Merriman: Ja, gnädiger Herr. Drei Mantelsäcke, einen Kleiderkoffer, zwei Hutschachteln und einen großen Frühstückskorb.

Algernon: Ich fürchte, ich kann diesmal nicht länger als eine Woche bleiben.

Jack: Merriman, bestellen Sie sofort den Jagdwagen. Mr. Ernst ist plötzlich nach London zurückgerufen worden.

Merriman: Ja, gnädiger Herr. (*Geht ins Haus.*)

Algernon: Was für ein schrecklicher Lügner du bist, Jack. Ich bin gar nicht nach London zurückgerufen worden.

Jack: Doch.

Algernon: Ich habe niemand rufen hören.

Jack: Deine Pflicht als Gentleman ruft dich zurück.

Algernon: Meine Pflicht als Gentleman hat nie im geringsten meine Vergnügungen gestört.

Jack: Das verstehe ich vollkommen.

Algernon: Nun, Cecily ist ein reizendes Kind.

Jack: Du hast nicht so von Miß Cardew zu reden. Das gefällt mir nicht.

Algernon: Nun, mir gefallen deine Kleider nicht. Du siehst einfach lächerlich darin aus. Warum gehst du nicht hinauf und ziehst dich um? Es ist wirklich kindisch, um einen Menschen Trauer anzulegen, der tatsächlich eine ganze Woche als Gast in deinem Hause bleiben will. Es ist grotesk.

Jack: Du bleibst sicherlich nicht als Gast oder irgend etwas sonst eine ganze Woche in meinem Hause. Du hast mit Zug ... vier Uhr fünf abzureisen.

Algernon: Ich reise sicher nicht ab, solange du in Trauer bist. Das wäre unfreundschaftlich. Wenn ich in Trauer wäre, würdest du bei mir bleiben, hoffe ich. Ich würde es für rücksichtslos halten, wenn du es nicht tätest.

Jack: Aber wirst du gehen, wenn ich mich umziehe?

Algernon: Ja, wenn es nicht zu lange dauert. Ich kenne niemand, der sich so lange und mit so wenig Erfolg anzieht.

Jack: Nun, jedenfalls ist das besser, als wenn man immer übermäßig geputzt ist, wie du.

Algernon: Wenn ich gelegentlich ein wenig übermäßig geputzt bin, so gleiche ich das dadurch aus, daß ich immer ungeheuer überkultiviert bin.

Jack: Deine Eitelkeit ist lächerlich und deine Gegenwart in meinem Garten absurd. Aber du mußt den Zug vier Uhr fünf erreichen, und ich hoffe, du wirst eine gute Reise nach London haben. Dieser Bunburyausflug, wie du es nennst, ist kein großer Erfolg gewesen. (*Geht ins Haus.*)

Algernon: Ich glaube, er ist doch ein großer Erfolg gewesen. Ich bin in Cecily verliebt, und das ist die Hauptsache. (*Cecily kommt in den Hintergrund des Gartens. Sie nimmt die Kanne und beginnt, Blumen zu begießen.*) Aber ich muß sie sprechen, ehe ich gehe, und einen zweiten Bunbury verabreden. Ah, da ist sie.

Cecily: Oh, ich kam nur zurück, um die Blumen zu begießen. Ich dachte, Sie wären bei Onkel Jack.

Algernon: Er ist gegangen, den Wagen für mich zu bestellen.

Cecily: Oh, er will Sie spazieren führen?

Algernon: Er will mich wegschicken.

Cecily: Dann müssen wir uns verabschieden?

Algernon: Ich fürchte. Es ist ein schmerzlicher Abschied.

Cecily: Es ist immer schmerzlich, sich von Leuten zu trennen, die man erst so kurze Zeit kennt. Die Trennung von alten Freunden kann man mit Gleichmut ertragen. Aber auch nur einen Moment der Trennung von jemand, den man gerade kennen gelernt hat, ist beinahe unerträglich.

Algernon: Ich danke Ihnen.

(*Merriman tritt auf.*)

Merriman: Der Wagen sieht vor der Tür, gnädiger Herr.

(*Algernon sieht bittend auf Cecily.*)

Cecily: Er kann warten, Merriman ... noch ... fünf Minuten.

Merriman: Ja, gnädiges Fräulein.

(*Merriman geht.*)

Algernon: Ich hoffe, es wird Sie nicht beleidigen, Cecily, wenn ich ganz frei und offen feststelle, daß mir scheint. Sie sind in jeder Hinsicht die sichtbare Verkörperung der absoluten Vollkommenheit.

Cecily: Ich glaube, Ihre Offenheit macht Ihnen viel Ehre, Ernst. Wenn Sie mir erlauben, will ich Ihre Bemerkungen in mein Tagebuch schreiben.

(*Geht an den Tisch und fängt an, im Tagebuch zu schreiben.*)

Algernon: Führen Sie wirklich ein Tagebuch? Ich gäbe alles dafür, wenn ich hineinsehen dürfte. Darf ich?

Cecily: O nein. (*Legt ihre Hände darauf.*) Sehen Sie, es ist nur der Bericht der Gedanken und Eindrücke eines sehr jungen Mädchens und demnach zur Veröffentlichung bestimmt. Wenn es in Buchform erscheint, hoffe ich. Sie werden ein Exemplar kaufen. Aber, bitte, Ernst, hören Sie nicht auf. Ich schreibe gar zu gern nach Diktat. Ich bin bis »absoluten Vollkommenheit« gekommen. Sie können fortfahren. Ich bin auf mehr gefaßt.

Algernon (*etwas stutzig*): Ahem! Ahem!

Cecily: Bitte, husten Sie nicht, Ernst. Wenn man diktiert, muß man fließend sprechen und nicht husten. Außerdem weiß ich nicht, wie man das Husten schreibt. (*Schreibt, während Algernon spricht.*)

Algernon (*spricht sehr schnell*): Cecily, seitdem ich zum erstenmal Ihre wundervolle und unvergleichliche Schönheit gesehen habe, habe ich gewagt, Sie wild, leidenschaftlich, hoffnungslos zu lieben.

Cecily): Ich glaube nicht, daß Sie mir sagen sollten. Sie lieben mich wild, leidenschaftlich, hoffnungslos. Hoffnungslos hat nicht viel Sinn, nicht wahr?

Algernon: Cecily!

(*Merriman tritt auf.*)

Merriman: Der Wagen wartet, gnädiger Herr.

Algernon: Sagen Sie ihm, er solle nächste Woche um die gleiche Zeit wiederkommen.

Merriman (*sieht auf Cecily, die kein Zeichen macht*): Ja, gnädiger Herr.

(*Merriman geht.*)

Cecily: Onkel Jack würde sehr ärgerlich werden, wenn er wüßte, daß Sie bis nächste Woche um die gleiche Zeit bleiben wollen.

Algernon: Oh, mir liegt nichts an Jack. Mir liegt an niemand in der ganzen Welt außer an Ihnen. Ich liebe dich, Cecily. Du wirst mich heiraten, nicht wahr?

Cecily: Du närrischer Junge! Natürlich. Wir sind doch seit drei Monaten verlobt.

Algernon: Seit drei Monaten?

Cecily: Ja, Donnerstag werden es gerade drei Monate.

Algernon: Aber wie haben wir uns verlobt?

Cecily: Nun, seit der gute Onkel Jack uns zuerst gestanden hat, daß er einen jüngeren Bruder hätte, der sehr bös und schlecht sei, bist du natürlich das wichtigste Gesprächsthema zwischen mir und Miß Prism gewesen. Und ein Mann, über den viel geredet wird, ist natürlich immer sehr anziehend. Man fühlt, es muß doch etwas in ihm stecken. Es war wohl töricht von mir, aber ich verliebte mich in dich, Ernst.

Algernon: Liebling! Und wann kam die Verlobung endgültig zustande?

Cecily: Am letzten 14. Februar. Ich wurde müde, weil du gar nichts von meinem Dasein wußtest, und da beschloß ich, die Sache so oder so zu Ende zu bringen. Und nach einem langen Kampfe mit mir selbst, nahm ich dich hier unter diesem lieben alten Baume an. Am nächsten Tage kaufte ich in deinem Namen diesen kleinen Ring, und dies ist das kleine Armband mit dem echten Liebesknoten, das ich dir immer zu tragen versprochen habe.

Algernon: Das hab' ich dir geschenkt? Es ist recht hübsch, nicht wahr?

Cecily: Ja, du hast einen ausgezeichneten Geschmack, Ernst. Damit habe ich immer dein böses Leben entschuldigt. Und hier ist die Schachtel, in der ich all deine lieben Briefe aufbewahre. (*Kniet am Tisch, öffnet die Schachtel und zieht die Briefe heraus, die mit einem blauen Band zusammengebunden sind.*)

Algernon: Meine Briefe! Aber meine liebe, süße Cecily, ich habe dir nie Briefe geschrieben.

Cecily: Das brauchst du nicht erst zu sagen, Ernst. Ich weiß nur zu gut, daß ich alle Briefe habe für dich schreiben müssen. Ich schrieb immer dreimal die Woche. Mitunter auch öfter.

Algernon: Bitte, laß mich sie lesen, Cecily?

Cecily: O nein, ich kann nicht. Sie würden dich zu eingebildet machen. (*Stellt die Schachtel zurück.*) Die drei, die du mir nach Aufhebung der Verlobung geschrieben hast, sind so schön und so unorthographisch geschrieben, daß ich sie noch jetzt nicht lesen kann, ohne ein wenig zu weinen.

Algernon: Aber ist denn unsere Verlobung aufgehoben worden?

Cecily: Natürlich. Am 22. März. Du kannst die Eintragung sehen, wenn du willst. (*Zeigt das Tagebuch.*) »Heute hob ich meine Verlobung mit Ernst auf. Ich fühle, es ist besser so. Das Wetter ist fortwährend wundervoll.«

Algernon: Aber warum hast du sie aufgehoben? Was hatte ich getan? Ich hatte gar nichts getan. Cecily, ich bin sehr gekränkt, daß du sie aufgehoben hast. Besonders, wenn das Wetter so wundervoll war.

Cecily: Es wäre schwerlich eine richtige Verlobung gewesen, wenn sie nicht wenigstens einmal aufgehoben worden wäre. Aber ich hatte dir verziehen, ehe die Woche um war.

Algernon (*geht zu ihr und kniet*): Was für ein Engel du bist, Cecily!

Cecily: Du lieber, romantischer Junge. (*Er küßt sie. Sie streicht mit den Fingern durch sein Haar.*) Ich hoffe, deine Locken kräuseln sich natürlich?

Algernon: Ja, liebes Kind, wenn man ein wenig nachhilft.

Cecily: Ich bin so froh.

Algernon: Du wirst deine Verlobung nie wieder aufheben, Cecily?

Cecily: Ich glaube nicht, daß ich sie jetzt wieder aufheben werde, da ich dich wirklich getroffen habe. Und außerdem ist ja dein Name da.

Algernon (*nervös*): Ja, natürlich.

Cecily: Du mußt mich nicht auslachen, Liebling, aber es ist immer ein kindlicher Traum von mir gewesen, einmal jemand namens Ernst zu lieben. (*Algernon steht auf, Cecily auch.*) In dem Namen ist etwas, was unbedingtes Vertrauen einflößt. Mir tut jede arme verheiratete Frau leid, deren Mann nicht Ernst heißt.

Algernon: Aber mein liebes Kind, willst du etwa sagen, du könntest mich nicht lieben, wenn ich anders hieße?

Cecily: Aber wie?

Algernon: Oh, irgendwie … Algernon zum Beispiel …

Cecily: Aber ich mag den Namen Algernon nicht.

Algernon: Aber mein teurer, lieber, süßer, kleiner Liebling, ich sehe wirklich nicht ein, was du gegen den Namen Algernon haben könntest. Es ist gar kein häßlicher Name. Es ist sogar ein ziemlich aristokratischer Name. Die Hälfte der Leute, die vor den Bankrottgerichtshof kommen, heißen Algernon. Aber im Ernst, Cecily … (*geht zu ihr*) … wenn ich Algy hieße, könntest du mich dann nicht lieben?

Cecily (*steht auf*): Ich könnte dich achten, Ernst, ich könnte deinen Charakter bewundern, aber ich fürchte, ich könnte dir nie meine ungeteilte Zuneigung widmen.

Algernon: Hm! Cecily! (*Nimmt seinen Hut.*) Euer Pfarrer hier ist doch wohl in der Handhabung aller Gebräuche und Zeremonien der Kirche erfahren?

Cecily: O ja. Doktor Chasuble ist ein sehr gelehrter Mann. Er hat kein einziges Buch geschrieben. Da kannst du dir denken, wie viel er wissen muß.

Algernon: Ich muß ihn sofort wegen einer wichtigen Taufe – wollte sagen wegen einer wichtigen Angelegenheit sprechen.

Cecily: Oh!

Algernon: Ich bleibe höchstens eine halbe Stunde fort.

Cecily: Wenn man bedenkt, daß wir erst seit dem 14. Februar verlobt sind und daß ich dich erst heute zum ersten Male gesehen habe, da, sollte ich meinen, ist es hart, daß du mich schon eine ganze halbe Stunde allein läßt. Kannst du es nicht in zwanzig Minuten machen?

Algernon: Ich bin im Nu zurück. (*Küßt sie und stürzt den Garten hinunter.*)

Cecily: Was für ein stürmischer Junge er ist! Sein Haar gefällt mir so gut. Ich muß seinen Antrag in mein Tagebuch schreiben.

(*Merriman tritt auf.*)

Merriman: Eine Miß Fairfax ist eben vorgefahren, um Mr. Worthing zu sprechen. In sehr wichtiger Angelegenheit, sagt Miß Fairfax.

Cecily: Ist Mr. Worthing nicht in seiner Bibliothek?

Merriman: Mr. Worthing ist vor einiger Zeit in der Richtung zum Rektorat fortgegangen.

Cecily: Bitten Sie die Dame, hierher zu kommen; Mr. Worthing wird sicher bald zurück sein. Und Sie können den Tee bringen.

Merriman: Ja, gnädiges Fräulein. (*Geht.*)

Cecily: Miß Fairfax! Vermutlich eine von den ältlichen Damen, die mit Onkel Jack bei seinen philanthropischen Bestrebungen in London zu tun haben. Ich mag Frauen nicht, die sich für die philanthropischen Bestrebungen interessieren. Es ist so naseweis.

(*Merriman tritt auf.*)

Merriman: Miß Fairfax.

(*Gwendolen kommt. Merriman geht.*)

Cecily (*ihr entgegen*): Bitte, erlauben Sie, daß ich mich selbst vorstelle. Ich heiße Cecily Cardew.

Gwendolen: Cecily Cardew? (*Geht auf sie zu, gibt ihr die Hand.*) Was für ein reizender Name! Irgend etwas sagt mir, daß wir gute Freundinnen sein werden. Sie gefallen mir schon mehr, als ich sagen kann. Meine ersten Eindrücke von den Leuten sind nie falsch.

Cecily: Wie reizend von Ihnen, daß sie mich nach verhältnismäßig so kurzer Zeit schon so gern haben. Bitte, nehmen Sie Platz.

Gwendolen (*noch stehend*): Ich darf Sie Cecily nennen, nicht wahr?

Cecily: Mit Vergnügen!

Gwendolen: Und Sie werden mich Gwendolen nennen, nicht wahr?

Cecily: Wenn Sie es wünschen?

Gwendolen: Dann ist alles in Ordnung, nicht wahr?

Cecily: Ich hoffe. (*Eine Pause. Sie setzen sich beide nebeneinander.*)

Gwendolen: Vielleicht ist dies eine günstige Gelegenheit, zu erwähnen, wer ich bin. Mein Vater ist Lord Bracknell. Sie haben vermutlich nie von meinem Vater gehört.

Cecily: Ich glaube nicht.

Gwendolen: Ich kann zu meiner Freude sagen, daß mein Vater außerhalb des Familienkreises ganz unbekannt ist. Ich denke, so sollte es immer sein. Das Haus scheint mir die richtige Sphäre für den Mann zu sein. Und sicher ist: wenn ein Mann einmal anfängt, seine häuslichen Pflichten zu vernachlässigen, so wird er unangenehm weibisch, nicht wahr? Und das mag ich nicht. Es macht die Männer so anziehend. Mama, deren Ansichten über die Erziehung außerordentlich streng sind, hat mich sehr kurzsichtig erzogen; das gehört zu ihrem System; ist es Ihnen also unangenehm, wenn ich Sie durch mein Glas ansehe?

Cecily: Oh, durchaus nicht, Gwendolen. Ich lasse mich sehr gern ansehen.

Gwendolen (*nachdem sie Cecily durch ihre Lorgnette sorgfältig betrachtet hat*): Sie sind vermutlich auf kurzen Besuch hier?

Cecily: O nein, ich wohne hier.

Gwendolen (*streng*): Wirklich? Ihre Mutter oder eine weibliche Verwandte in vorgerückten Jahren wohnt wohl auch hier?

Cecily: O nein. Ich habe keine Mutter und überhaupt keine Verwandten.

Gwendolen: Wirklich?

Cecily: Mein lieber Vormund hat mit Hilfe von Miß Prism die schwere Aufgabe, sich um mich zu kümmern.

Gwendolen: Ihr Vormund?

Cecily: Ja, ich bin Mr. Worthings Mündel.

Gwendolen: Oh, es ist merkwürdig, daß er mir nie gesagt hat, er habe ein Mündel. Wie geheimnisvoll von ihm! Er wird stündlich interessanter. Aber ich kann nicht behaupten, daß mich die Nachricht mit ungemischter Freude erfülle. (*Steht auf und tritt zu ihr.*) Ich mag Sie recht gern, Cecily, Sie haben mir vom ersten Augenblick an gefallen. Aber ich muß hinzufügen, daß ich jetzt, da ich weiß. Sie sind Mr. Worthings Mündel, nicht umhin kann, zu wünschen. Sie wären – nun, ein klein wenig – älter – und nicht ganz so reizvoll in Ihrem Äußern. Ja, wenn ich offen reden darf –

Cecily: Bitte, tun Sie es. Ich denke, wenn jemand etwas Unangenehmes zu sagen hat, sollte er immer ganz offen reden.

Gwendolen: Nun, um ganz offen zu reden, Cecily –, ich wünschte. Sie wären volle zweiundvierzig und ungewöhnlich häßlich für Ihr Alter. Ernst hat einen starken, aufrichtigen Charakter. Er ist die Seele der Wahrheit und Ehre. Untreue wäre ihm so unmöglich wie Betrug. Aber selbst Männer von höchstem moralischen Charakter sind dem Einfluß physischer Reize bei andern außerordentlich zugänglich. Die moderne wie die antike Geschichte gibt uns dafür viele schmerzliche Beispiele. Wäre es nicht so, so wäre die Geschichte ganz unlesbar.

Cecily: Verzeihung, Gwendolen, sagten Sie Ernst?

Gwendolen: Ja.

Cecily: Oh, aber nicht Mr. Ernst Worthing ist mein Vormund. Sein Bruder –, sein älterer Bruder.

Gwendolen (*setzt sich wieder*): Ernst hat mir nie gesagt, daß er einen Bruder hätte.

Cecily: Sie sind leider lange Zeit entzweit gewesen.

Gwendolen: Ah, das erklärt alles. Und jetzt, wo ich darüber nachdenke, finde ich, daß ich niemals jemand von seinem Bruder habe reden hören. Das Thema ist den meisten Männern unangenehm. Cecily, Sie haben mir eine Last von der Seele genommen. Ich begann schon fast, zu fürchten. Es wäre schrecklich gewesen, wenn eine Wolke über unsere Freundschaft gekommen wäre, nicht wahr? Natürlich sind Sie ganz, ganz sicher, daß nicht Mr. Ernst Worthing Ihr Vormund ist?

Cecily: Ganz sicher. (*Eine Pause.*) Freilich werde ich ihm gehören.

Gwendolen (*forschend*): Verzeihung?

Cecily (*scheu und vertraulich*): Liebste Gwendolen, wozu sollte ich es Ihnen verheimlichen? Unser kleines Lokalblatt wird es ja doch nächste Woche berichten. Mr. Ernst Worthing und ich sind verlobt.

Gwendolen (*sehr höflich, sieht auf*): Meine liebste Cecily, ich glaube, hier muß ein kleiner Irrtum vorliegen. Mr. Ernst Worthing ist mit mir verlobt. Die Ankündigung wird spätestens Samstag in der Morning-Post stehen.

Cecily (*sehr höflich, steht auf*): Ich fürchte. Sie stehen unter einem Mißverständnis. Ernst hat mir vor zehn Minuten seinen Antrag gemacht. (*Zeigt ihr Tagebuch.*)

Gwendolen (*prüft das Tagebuch sorgfältig durch ihre Lorgnette*): Es ist wirklich sehr merkwürdig, denn er bat mich gestern nachmittag fünf Uhr dreißig, seine Frau zu werden. Wenn Ihnen daran liegt, sich davon zu überzeugen, bitte! (*Zieht ihr Tagebuch hervor.*) Ich reise nie ohne mein Tagebuch. Man sollte immer etwas Sensationelles im Zuge zu lesen haben. Es tut mir sehr leid, Cecily, wenn es eine Enttäuschung für Sie ist, aber ich fürchte, ich habe ältere Ansprüche.

Cecily: Es würde mich mehr, als ich sagen kann, betrüben, liebe Gwendolen, wenn es Ihnen geistige oder körperliche Schmerzen bereitete, aber ich muß doch darauf hinweisen, daß Ernst offenbar seine Absicht geändert hat, seitdem er Ihnen seinen Antrag machte.

Gwendolen (*nachdenklich*): Wenn der arme Junge zu einem törichten Versprechen verlockt worden ist, so halte ich es für meine Pflicht, ihm sofort zu Hilfe zu kommen, und zwar mit fester Hand.

Cecily (*gedankenvoll und traurig*): In welche Verwirrung mein lieber Junge auch geraten sein mag, ich will es ihm nie vorwerfen, wenn wir erst verheiratet sind.

Gwendolen: Meinen Sie mich mit der Verwirrung, Miß Cardew? Sie sind anmaßend. Bei solcher Gelegenheit ist es mehr als Pflicht, seine Meinung zu sagen. Es wird zum Vergnügen.

Cecily: Wollen Sie etwa sagen, Miß Fairfax, ich hätte Ernst zu einer Verlobung verlockt? Wie können Sie es wagen? Es ist jetzt nicht die Zeit, die alberne Maske guter Manieren zu tragen. Ich pflege die Dinge beim rechten Namen zu nennen.

Gwendolen (*satirisch*): Ich lege meine guten Manieren nie ab. Offenbar sind unsere sozialen Sphären ganz verschiedene.

(*Merriman tritt auf mit einem zweiten Diener. Er trägt ein Teebrett, Tischtuch und Tellerständer. Cecily will gerade entgegnen. Die Gegenwart der Diener übt einen zurückhaltenden Einfluß aus, so daß beide Mädchen sich nur wütend ansehen.*)

Merriman: Soll ich den Tee wie gewöhnlich hier decken, gnädiges Fräulein?

Cecily (*streng ruhig*): Ja, wie gewöhnlich.

(*Merriman leert den Tisch, legt das Tischtuch. Lange Pause. Gwendolen und Cecily starren sich an.*)

Gwendolen: Gibt es viel interessante Spaziergänge in der Umgebung, Miß Cardew?

Cecily: O ja. Sehr viele. Vom Gipfel des nahen Hügels sieht man fünf Grafschaften.

Gwendolen: Fünf Grafschaften! Ich glaube, das würde mir nicht behagen. Ich hasse Volksmengen.

Cecily (*sanft*): Deshalb leben Sie wohl in der Stadt?

(*Gwendolen beißt sich auf die Lippe und schlägt ihren Fuß nervös mit dem Sonnenschirm.*)

Gwendolen (*sieht sich um*): Ein wohlgepflegter Garten, Miß Cardew.

Cecily: Es freut mich, daß er Ihnen gefällt. Miß Fairfax.

Gwendolen: Ich hatte keine Ahnung, daß es Blumen auf dem Lande gäbe.

Cecily: Oh, Blumen sind hier so gewöhnlich, wie die Menschen in London.

Gwendolen: Ich persönlich begreife nicht, wie jemand es anfängt, auf dem Lande zu leben, wenn jemand, der jemand ist, es überhaupt tut. Mich langweilt das Land immer zu Tode.

Cecily: Ah! Das nennen die Zeitungen agrarische Depression, nicht wahr? Ich glaube, die Aristokratie leidet augenblicklich sehr darunter. Ich höre, es ist eine förmliche Epidemie. Darf ich Ihnen etwas Tee geben, Miß Fairfax?

Gwendolen (*ausgesucht höflich*): Danke, ja. (*Beiseite.*) Abscheuliches Mädchen! Aber ich muß Tee haben.

Cecily (*sanft*): Zucker?

Gwendolen (*anmaßend*): Danke, nein. Zucker ist nicht mehr Mode.

(*Cecily sieht sie wütend an, nimmt die Zange, wirft vier Stücke Zucker in die Tasse.*)

Cecily (*streng*): Kuchen oder Butterbrot?

Gwendolen (*gelangweilt*): Butterbrot, bitte. Kuchen findet man heute noch selten in den besten Häusern.

Cecily (*schneidet ein großes Stück Kuchen ab, legt es auf das Teebrettchen*): Reichen Sie das Miß Fairfax.

(*Merriman tut es und geht mit dem zweiten Diener ab. Gwendolen trinkt und macht eine Grimasse. Setzt die Tasse sofort hin, will Butterbrot nehmen, sieht, daß es Kuchen ist, steht entrüstet auf.*)

Gwendolen: Sie haben meinen Tee mit Zucker gefüllt, und obgleich ich ausdrücklich um Butterbrot bat, haben Sie mir Kuchen gegeben. Ich bin wegen der Sanftmut meines Charakters bekannt und wegen der ungewöhnlichen Milde meines Wesens, aber ich warne Sie, Miß Cardew, Sie könnten zu weit gehen.

Cecily (*erhebt sich*): Um meinen armen, unschuldigen, vertrauensvollen Jungen vor den Machinationen eines anderen Mädchens zu retten, kann ich gar nicht zu weit gehen.

Gwendolen: Vom ersten Augenblick an habe ich Ihnen mißtraut. Ich fühlte, daß Sie falsch und hinterlistig sind. Ich täusche mich nie in solchen Dingen. Meine ersten Eindrücke sind immer richtig.

Cecily: Mir scheint. Miß Fairfax, ich nehme Ihre kostbare Zeit zu sehr in Anspruch. Sie haben zweifellos noch viele ähnliche Besuche in der Nachbarschaft zu machen.

(*Jack tritt auf.*)

Gwendolen (*sieht ihn*): Ernst! Mein lieber Ernst!

Jack: Gwendolen! Liebste! (*Will sie küssen.*)

Gwendolen (*tritt zurück*): Einen Augenblick! Darf ich fragen, ob du mit dieser jungen Dame verlobt bist? (*Zeigt auf Cecily.*)

Jack (*lachend*): Mit der guten, kleinen Cecily? Natürlich nicht! Wie ist der Gedanke in deinen hübschen, kleinen Kopf gekommen?

Gwendolen: Danke. Du darfst. (*Hält ihre Wange hin.*)

Cecily (*sehr sanft*): Ich wußte, es müßte ein Mißverständnis sein. Der Herr, dessen Arm augenblicklich um Ihre Taille liegt, ist mein lieber Vormund, Mr. John Worthing.

Gwendolen: Verzeihung!?

Cecily: Das ist Onkel Jack.

Gwendolen: Jack! Oh!

(*Algernon tritt auf.*)

Cecily: Hier kommt Ernst.

Algernon (*geht auf Cecily zu, ohne sich um sonst jemand zu kümmern*): Geliebte! (*Will sie küssen.*)

Cecily (*tritt zurück*): Einen Augenblick, Ernst! Darf ich fragen, bist du mit dieser jungen Dame verlobt?

Algernon (*dreht sich um*): Mit welcher jungen Dame? Lieber Gott! Gwendolen!

Cecily: Ja, mit lieber Gott Gwendolen, mit Gwendolen wollte ich sagen!

Algernon (*lachend*): Natürlich nicht! Wie ist der Gedanke in deinen hübschen, kleinen Kopf gekommen?

Cecily: Danke. (*Hält die Wange hin.*) Du darfst.

(*Algernon küßt sie.*)

Gwendolen: Ich fühlte, daß ein kleiner Irrtum vorliegen mußte, Miß Cardew. Der Herr, der Sie eben umarmt, ist mein Vetter, Mr. Algernon Moncrieff.

Cecily (*weicht vor Algernon zurück*): Algernon Moncrieff! Oh!

(*Die beiden Mädchen gehen aufeinander zu und umfassen einander, als wollten sie sich schützen.*)

Cecily: Heißen Sie wirklich ***Algernon***?

Algernon: Ich kann es nicht leugnen.

Cecily: Oh!

Gwendolen: Heißen Sie wirklich John?

Jack (*ziemlich stolz dastehend*): Ich könnte es leugnen, wenn ich wollte. Ich könnte alles leugnen, wenn ich wollte. Aber ich heiße wirklich John. Ich habe jahrelang John geheißen.

Cecily (*zu Gwendolen*): Wir sind beide das Opfer einer groben Täuschung geworden.

Gwendolen: Meine arme verwundete Cecily!

Cecily: Meine liebe betrogene Gwendolen!

Gwendolen (*langsam und ernst*): Sie werden mich Schwester nennen, nicht wahr?

(*Sie umarmen einander. Jack und Algernon seufzen und gehen auf und ab.*)

Cecily (*strahlend*): Nur noch eine Frage möchte ich an meinen Vormund richten.

Gwendolen: Ein vortrefflicher Gedanke! Nur noch eine Frage möchte ich an Sie richten, Mr. Worthing. Wo ist Ihr Bruder Ernst? Wir sind beide mit Ihrem Bruder Ernst verlobt. Es ist also von einiger Wichtigkeit für uns, zu wissen, wo Ihr Bruder Ernst augenblicklich ist.

Jack (*langsam und zögernd*): Gwendolen – Cecily – es ist sehr schmerzlich für mich, die Wahrheit sagen zu müssen. Zum erstenmal in meinem Leben komme ich in diese schmerzliche Lage, und ich bin in solchen Dingen ganz unerfahren. Aber ich will euch ganz offen sagen, daß ich keinen Bruder Ernst habe. Ich habe überhaupt keinen Bruder. Ich habe nie in meinem Leben einen

Bruder gehabt, und ich habe nicht im geringsten die Absicht, jemals in der Zukunft einen zu haben.

Cecily (*überrascht*): Überhaupt keinen Bruder?

Jack (*lustig*): Nein.

Gwendolen (*streng*): Sie haben niemals einen Bruder irgendwelcher Art gehabt?

Jack (*scherzend*): Niemals! Nicht einmal irgendwelcher Art.

Gwendolen: Ich glaube, Cecily, es ist absolut klar, daß keine von uns mit irgend jemandem verlobt ist.

Cecily: Es ist keine sehr angenehme Lage für ein junges Mädchen, plötzlich zu sehen, daß es betrogen ist. Nicht wahr?

Gwendolen: Hassen Sie uns ins Haus gehen. Sie werden kaum wagen, uns dahin zu folgen.

Cecily: Nein: die Männer sind so feig, nicht wahr?

(*Sie gehen mit verächtlichen Blicken ins Haus.*)

Jack: Diesen entsetzlichen Stand der Dinge nennst du Bunburyieren, nicht wahr?

Algernon: Ja; und es ist ein wundervoller Bunbury. Der wundervollste Bunbury, den ich in meinem Leben gehabt habe.

Jack: Aber du hattest gar kein Recht, hier zu bunburyieren.

Algernon: Das ist albern. Man hat das Recht, wo man will, zu bunburyieren. Das weiß jeder ernste Bunburyist.

Jack: Jeder ***ernste*** Bunburyist! Um Gottes willen!

Algernon: In irgend etwas muß man doch ernst sein, wenn man noch Vergnügen im Leben haben will. Womit du es ernst nimmst, weiß ich beim besten Willen nicht. Mit allem vermutlich. Du bist so absolut trivial.

Jack: Die einzige kleine Befriedigung, die ich wenigstens bei dieser ganzen elenden Geschichte habe, ist die, daß dein Freund Bunbury völlig aufgeflogen ist. Du kannst jetzt nicht mehr ganz so oft aufs Land laufen, wie früher, Algy. Und das ist recht gut.

Algernon: Dein Bruder hat die Farbe etwas verloren, nicht wahr, lieber Jack? Du kannst nicht ganz so häufig mehr nach London verschwinden, wie du es früher schändlicherweise tatest. Und das ist auch nicht schlecht.

Jack: Was dein Benehmen gegen Miß Cardew angeht – da muß ich doch sagen, ein liebes, einfaches, unschuldiges Kind zu hintergehen, ist ganz unentschuldbar. Davon will ich gar nicht erst reden, daß ich ihr Vormund bin.

Algernon: Ich finde keine Rechtfertigung dafür, daß du eine glänzende, kluge, durchaus erfahrene junge Dame wie Miß Fairfax betrogen hast. Davon will ich gar nicht erst reden, daß sie meine Cousine ist.

Jack: Ich wollte mich mit ihr verloben, weiter nichts. Ich liebe sie.

Algernon: Und ich wollte mich nur mit Cecily verloben. Ich bete sie an.

Jack: Es ist sicher keine Aussicht für dich vorhanden, Miß Cardew zu heiraten.

Algernon: Ich halte es nicht für wahrscheinlich, daß du und Miß Fairfax ein Paar werdet.

Jack: Nun, das geht dich gar nichts an.

Algernon: Ginge es mich an, so würde ich nicht darüber reden. (*Beginnt Muffins zu essen.*) Es ist sehr vulgär, von seinen Angelegenheiten zu reden. Nur Leute wie Börsenmakler tun das, und auch die nur auf Dinergesellschaften.

Jack: Wie du dasitzen kannst und ruhig Muffins essen, während wir in dieser furchtbaren Aufregung sind, begreife ich nicht. Du scheinst absolut herzlos zu sein.

Algernon: Ich kann Muffins nicht aufgeregt essen. Die Butter würde mir auf die Manschetten laufen. Man sollte Muffins immer ruhig essen. Das ist die einzige Möglichkeit, sie zu essen.

Jack: Ich sage, es ist absolut herzlos, daß du unter diesen Umständen überhaupt Muffins ißt.

Algernon: Wenn ich aufgeregt bin, ist Essen das einzige, was mich tröstet. Wenn ich sehr aufgeregt bin, verweigere ich sogar alles, außer Essen und Trinken. Das kann dir jeder, der mich genau kennt, sagen. Augenblicklich esse ich Muffins, weil ich unglücklich bin. Außerdem esse ich Muffins besonders gern. (*Steht auf.*)

Jack (*sieht auf*): Aber das ist kein Grund, warum du sie so gierig alle essen solltest. (*Nimmt Algernon die Muffins weg.*)

Algernon (*bietet ihm Teekuchen an*): Ich wollte, du nähmst statt dessen Teekuchen. Ich esse Teekuchen nicht gerne.

Jack: Um Gottes willen! Ich denke doch, man wird in seinem eigenen Garten seine eigenen Muffins essen dürfen.

Algernon: Aber du hast doch gerade gesagt, es sei absolut herzlos, Muffins zu essen.

Jack: Ich sagte, es sei absolut herzlos von dir, unter diesen Umständen! Das ist ganz etwas anderes.

Algernon: Das mag sein. Aber die Muffins bleiben die gleichen. (*Nimmt Jack die Schüssel mit den Muffins weg.*)

Jack: Algy, wollte Gott, du gingst!

Algernon: Du kannst nicht gut von mir verlangen, daß ich gehe, ohne gespeist zu haben. Das ist albern. Ich gehe nie ohne mein Diner. Das tut niemand, außer Vegetarianern und solchen Leuten. Außerdem habe ich gerade mit Dr. Chasuble verabredet, daß ich um viertel vor sechs auf den Namen Ernst getauft werden soll.

Jack: Mein lieber Junge, je eher du den Unsinn aufgibst, um so besser. Ich habe heute morgen mit Dr. Chasuble verabredet, daß ich selber um halb sechs auf den Namen Ernst getauft werde. Gwendolen wird es angenehm sein. Wir können doch nicht beide Ernst getauft werden. Das ist absurd. Außerdem habe ich das Recht, mich taufen zu lassen, wenn ich will. Es gibt keinen Beweis, daß ich jemals von irgend jemand getauft worden bin. Ich halte es für sehr wahrscheinlich, daß ich niemals getauft bin; und Dr. Chasuble auch. Bei dir ist die Sache ganz anders. Du bist schon getauft.

Algernon: Ja, aber ich bin seit Jahren nicht mehr getauft.

Jack: Ja, aber du bist getauft. Darauf kommt es an.

Algernon: Ganz recht. Und so weiß ich, daß ich es vertragen kann. Wenn du nicht ganz sicher bist, daß du schon getauft bist, so, muß ich sagen, ist es ziemlich gefährlich, wenn du es jetzt riskierst. Es könnte dir schlecht bekommen. Du kannst nicht schon vergessen haben, daß jemand, der nahe mit dir verwandt war, in dieser Woche in Paris von einer ernsten Erkältung hingerafft worden ist.

Jack: Ja, aber du sagtest selbst, eine ernste Erkältung sei nicht erblich.

Algernon: Früher war sie es nicht, wie ich weiß – aber jetzt ist sie's vielleicht. Die Wissenschaft verbessert die Dinge fortwährend.

Jack (*nimmt die Muffinschüssel*): Oh, das ist Unsinn. Du redest immer Unsinn.

Algernon: Jack, du bist schon wieder bei den Muffins. Es sind nur noch zwei da. (*Nimmt sie.*) Ich habe dir doch gesagt, ich äße Muffins besonders gern.

Jack: Aber ich hasse Teekuchen.

Algernon: Aber warum erlaubst du dann, daß deinen Gästen Teekuchen vorgesetzt wird. Was für Vorstellungen von Gastfreundschaft du hast!

Jack: Algernon! Ich habe dir schon einmal gesagt, du solltest gehen. Ich brauche dich hier nicht. Warum gehst du nicht?

Algernon: Ich bin noch nicht ganz mit dem Tee fertig! und ich habe noch einen Muffin.

(*Jack seufzt und sinkt in einen Stuhl. Algernon ißt weiter.*)

(*Vorhang.*)

Dritter Akt

Szene: Das Morgenzimmer im Herrenhause.

(*Gwendolen und Cecily stehen am Fenster und sehen in den Garten hinaus.*)

Gwendolen: Sie sind uns nicht ins Haus gefolgt, wie es jeder andere getan hätte. Das scheint mir darauf zu deuten, daß sie wenigstens noch etwas Schamgefühl haben.

Cecily: Sie haben Muffins gegessen. Das sieht aus wie Reue.

Gwendolen (*nach einer Pause*): Es scheint, sie achten gar nicht auf uns. Könnten Sie nicht einmal husten?

Cecily: Aber ich habe keinen Husten.

Gwendolen: Sie sehen uns an. Welche Frechheit!

Cecily: Sie kommen näher. Das ist dreist.

Gwendolen: Wir wollen ein würdiges Schweigen bewahren.

Cecily: Gewiß. Das ist das einzige, was wir tun können.

(*Jack tritt ein. Algernon folgt. Sie pfeifen eine beliebte Melodie aus einer englischen Oper.*)

Gwendolen: Das würdige Schweigen scheint eine unerwünschte Wirkung zu haben.

Cecily: Eine sehr unangenehme.

Gwendolen: Aber wir wollen nicht zuerst reden.

Cecily: Sicher nicht.

Gwendolen: Mr. Worthing, ich habe Sie etwas Besonderes zu fragen. Von Ihrer Antwort hängt viel ab.

Cecily: Gwendolen, Ihr Menschenverstand ist unschätzbar. Mr. Moncrieff, wollen Sie so freundlich sein, mir folgende Frage zu beantworten: warum gaben Sie vor, der Bruder meines Vormundes zu sein?

Algernon: Um Gelegenheit zu finden, Sie kennen zu lernen.

Cecily (*zu Gwendolen*): Das scheint eine genügende Erklärung zu sein, nicht wahr?

Gwendolen: Ja, Liebe, wenn Sie ihm glauben können.

Cecily: Nein. Aber das ändert nichts an der wundervollen Schönheit der Antwort.

Gwendolen: Das ist wahr. Bei Dingen von großer Wichtigkeit kommt es auf den Stil, nicht auf die Aufrichtigkeit an. Mr. Worthing, welche Erklärung können Sie dafür geben, daß Sie vorgaben, Sie hätten einen Bruder? Etwa, um Gelegenheit zu haben, mich so oft als möglich in der Stadt zu besuchen?

Jack: Können Sie daran zweifeln, Miß Fairfax?

Gwendolen: Ich habe die stärksten Zweifel. Aber ich will sie ersticken. Dies ist nicht der Augenblick für deutschen Skeptizismus. (*Geht zu Cecily.*) Ihre Erklärungen scheinen genügend zu sein, besonders die von Mr. Worthing. Die scheint den Stempel der Wahrheit zu tragen.

Cecily: Ich bin mehr als zufrieden mit dem, was Mr. Moncrieff sagte. Schon seine Stimme erfüllt mich mit Glauben.

Gwendolen: Also meinen Sie, wir sollen ihnen verzeihen?

Cecily: Ja; das heißt: nein!

Gwendolen: Wahrhaftig! Das hatte ich ganz vergessen. Es stehen Prinzipien auf dem Spiel, die man nicht preisgeben darf. Wer von uns soll es ihnen sagen? Es ist keine angenehme Aufgabe.

Cecily: Könnten wir nicht beide zugleich reden?

Gwendolen: Eine ausgezeichnete Idee! Ich spreche fast immer zugleich, wenn andere Leute reden. Wollen Sie sich im Takt nach mir richten?

Cecily: Gewiß. (*Gwendolen schlägt mit erhobenem Finger den Takt.*)

Gwendolen und **Cecily** (*zusammen*): Ihre Vornamen sind noch ein unüberwindliches Hindernis. Das ist alles.

Jack und **Algernon** (*zusammen*): Unsere Vornamen? Weiter nichts? Aber wir lassen uns heute nachmittag taufen.

Gwendolen (*zu Jack*): Um meinetwillen wollen Sie dies Furchtbare tun?

Jack: Ja.

Cecily (*zu Algernon*): Mir zu Gefallen wollen Sie dieser entsetzlichen Gefahr die Stirn bieten?

Algernon: Ja.

Gwendolen: Wie albern, von der Gleichberechtigung der Geschlechter zu reden! Wenn es sich um Selbstaufopferung handelt, sind uns die Männer weit voraus.

Jack: Ja, so ist es. (*Gibt Algernon die Hand.*)

Cecily: Sie haben Momente von physischem Mut, die wir Frauen nicht kennen.

Gwendolen (*zu Jack*): Geliebter!

Algernon (*zu Cecily*): Geliebte!

(*Sie fallen einander in die Arme.*)

(*Merriman tritt auf. Er sieht die Situation und hustet laut.*)

Merriman: Hm! Hm! Lady Bracknell!

Jack: Um Gottes willen!

(*Lady Bracknell tritt ein. Die Paare fahren entsetzt auseinander.*)

Lady Bracknell: Gwendolen, was bedeutet das?

Gwendolen: Nur, daß ich mit Mr. Worthing verlobt bin, Mama.

Lady Bracknell: Komm her. Setz dich. Sofort. Setz dich. Zögern ist ein Zeichen von geistigem Verfall bei der Jugend, von körperlicher Schwäche beim Alter. (*Wendet sich Jack zu.*) Mein Herr, von der plötzlichen Flucht meiner Tochter durch ihr braves Mädchen benachrichtigt, deren Vertrauen ich um ein geringes erkaufte, bin ich sofort in einem Güterzug hierher gefolgt. Ihr unglücklicher Vater sieht zum Glück unter dem Eindruck, daß sie eine ungewöhnlich lange Vorlesung über den Einfluß eines beständigen Einkommens auf das Denken besuche. Ich werde ihn nicht aufklären. Ich habe ihn noch nie über etwas aufgeklärt. Ich würde es für unrecht halten. Aber Sie begreifen natürlich, daß von diesem Augenblick an jede Verbindung zwischen Ihnen und meiner

Tochter aufhören muß. In diesem Punkt, wie in allen Punkten, bleibe ich fest.

Jack: Ich bin mit Gwendolen verlobt, Lady Bracknell.

Lady Bracknell: Sie sind nichts derart, mein Herr. Und nun ... zu Algernon! ... Algernon!

Algernon: Ja, Tante Auguste?

Lady Bracknell: Darf ich fragen, ob dein armer, invalider Freund, Mr. Bunbury, hier wohnt?

Algernon (*stotternd*): O nein! Bunbury wohnt nicht hier. Bunbury ist gegenwärtig wo anders. Bunbury ist nämlich tot.

Lady Bracknell: Tot? Wann starb Mr. Bunbury? Sein Tod muß sehr plötzlich gewesen sein.

Algernon (*leicht*): Oh, ich habe Bunbury heut nachmittag getötet .... Ich meine, der arme Bunbury ist heut nachmittag gestorben.

Lady Bracknell: Woran ist er gestorben?

Algernon: Bunbury? Oh, er ist einfach aufgeflogen.

Lady Bracknell: Aufgeflogen? War er das Opfer eines revolutionären Attentats? Ich wußte nicht, daß Mr. Bunbury sich mit sozialer Gesetzgebung befaßte. Wenn er es tat, so ist er gerade recht bestraft für seine Morbidität.

Algernon: Meine liebe Tante Auguste, ich meine, man ist dahintergekommen. Die Ärzte bekamen heraus, daß er nicht leben konnte, das meine ich – und so starb Bunbury.

Lady Bracknell: Er scheint großes Vertrauen zur Meinung seiner Ärzte gehabt zu haben. Es freut mich aber, daß er sich schließlich zu einem definitiven Handeln aufgerafft hat, und noch dazu unter ärztlichem Rat. Und jetzt, da wir endlich diesen Mr. Bunbury los sind – darf ich fragen, Mr. Worthing, wer jene junge Dame ist, deren Hand mein Neffe Algernon eben in jener ganz unnötigen Weise gefaßt hält?

Jack: Die Dame ist Miß Cecily Cardew, mein Mündel.

(*Lady Bracknell verneigt sich kühl gegen Cecily.*)

Algernon: Ich bin mit Cecily verlobt, Tante Auguste.

Lady Bracknell: Verzeihung!

Cecily: Mr. Moncrieff und ich sind verlobt, Lady Bracknell.

Lady Bracknell (*mit einem Schauder. Geht zum Fenster und setzt sich*): Ich weiß nicht, ob in diesem besonderen Teil von Hertfordshire etwas besonders Aufregendes in der Luft liegt, aber die Zahl der Verlobungen scheint mir beträchtlich über den Durchschnitt zu sein, den die Statistiken festgestellt haben. Ich denke, einige vorläufige Erkundigungen meinerseits wären wohl am Platze. Mr. Worthing, ist Miß Cardew irgendwie mit einem der größeren Bahnhöfe in London verwandt? Ich wünsche nur Auskunft. Bis gestern hatte ich keine Ahnung davon, daß es ganze Familien gäbe, deren Ursprung ein Bahnhof sei.

(*Jack sieht wütend aus, zwingt sich aber.*)

Jack (*mit kalter, klarer Stimme*): Miß Cardew ist die Enkelin des verstorbenen Mr. Thomas Cardew, 149, Belgrave Square S. W.; Gervase Park, Dorking, Surrey; und The Sporran, Fifeshire, ***N. B.***

Lady Bracknell: Das klingt nicht unbefriedigend. Drei Adressen flößen immer Vertrauen ein, selbst bei Geschäftsleuten. Aber welchen Beweis habe ich für ihre Richtigkeit?

Jack: Ich habe die Adreßbücher der Zeit sorgfältig aufbewahrt. Sie stehen Ihrer Kenntnisnahme offen, Lady Bracknell.

Lady Bracknell (*grimmig*): Mir sind einige merkwürdige Irrtümer in diesen Veröffentlichungen begegnet.

Jack: Miß Cardews Anwälte sind die Herren Markby, Markby und Markby.

Lady Bracknell: Markby, Markby und Markby? Eine der ersten Firmen! Ich habe sogar gehört, der eine Mr. Markby werde bisweilen bei Diners gesehen. Soweit bin ich befriedigt.

Jack (*sehr reizbar*): Wie ungeheuer freundlich von Ihnen, Lady Bracknell! Sie werden mit Vergnügen hören, daß ich auch die Zeugnisse über Miß Cardews Geburt, Taufe, Keuchhusten, Geburtseintragung, Impfung, Konfirmation und Masern besitze; Masern sowohl in der deutschen wie englischen Abart.

Lady Bracknell: Ah, ich sehe, ein Leben voller Ereignisse, wenn auch vielleicht ein wenig zu aufregend für ein junges Mädchen. Ich halte nichts von frühzeitiger Erfahrung. (*Steht auf, sieht auf die Uhr.*) Gwendolen! die Zeit unserer Abfahrt rückt heran. Wir haben keinen

Augenblick zu verlieren. Der Form wegen, Mr. Worthing, habe ich Sie noch zu fragen, ob Miß Cardew etwas Vermögen hat?

Jack: Oh, ungefähr hundertdreißigtausend Pfund in Staatspapieren. Das ist alles. Adieu, Lady Bracknell. Freut mich sehr, Sie gesehen zu haben.

Lady Bracknell (*setzt sich wieder*): Einen Moment, Mr. Worthing. Hundertdreißigtausend Pfund! und in Staatspapieren! Miß Cardew scheint mir, da ich sie ansehe, eine höchst reizvolle junge Dame. Wenige junge Damen heutzutage haben solide Eigenschaften, Eigenschaften, die dauern und sich mit der Zeit verbessern. Wir leben leider in einer Zeit der Oberflächlichkeit. (*Zu Cecily*): Kommen Sie her, Liebe. (*Cecily kommt herüber.*) Hübsches Kind! Ihr Kleid ist furchtbar einfach, und ihr Haar scheint fast zu sein, wie es die Natur gelassen hat. Aber das können wir alles bald ändern. Ein erfahrenes französisches Kammermädchen tut in kürzester Zeit wahre Wunder. Ich weiß noch, wie ich Lady Lancing eins empfahl, und nach drei Monaten kannte sie ihr eigener Mann nicht mehr.

Jack (*beiseite*): Und nach sechs Monaten kannte sie niemand mehr.

Lady Bracknell (*starrt einen Augenblick Jack an. Dann neigt sie sich mit künstlichem Lächeln zu Cecily*): Bitte, drehen Sie sich um, liebes Kind. (*Cecily dreht sich ganz um.*) Nein, die Seitenansicht brauche ich. (*Cecily zeigt ihr Profil.*) Ja, wie ich erwartete. Es sind deutliche soziale Möglichkeiten in ihrem Profil. Die beiden schwachen Punkte unserer Zeit sind ihr Mangel an Prinzipien und ihr Mangel an Physiognomie. Das Kinn ein wenig höher. Der Stil hängt zum großen Teil davon ab, wie man das Kinn trägt. Man trägt es gerade jetzt sehr hoch ... Algernon!

Algernon: Ja, Tante Auguste?

Lady Bracknell: Es sind deutliche soziale Möglichkeiten in Miß Cardews Profil.

Algernon: Cecily ist das süßeste, liebste, hübscheste Mädchen auf der ganzen Welt. Und ich gebe keinen Pfennig für soziale Möglichkeiten.

Lady Bracknell: Rede nie verächtlich von der Gesellschaft, Algernon. Nur Leute, die nicht hinein können, tun das. (*Zu Cecily*): Liebes Kind, Sie wissen natürlich, daß Algernon nichts als seine Schulden zum Leben hat. Aber ich liebe Geldheiraten nicht. Als ich Lord Bracknell heiratete, hatte ich keinen Pfennig. Aber das hat mich keinen Augenblick beunruhigt. Nun, ich glaube, ich muß meine Einwilligung geben.

Algernon: Danke, Tante Auguste.

Lady Bracknell: Cecily, Sie dürfen mir einen Kuß geben.

Cecily (*küßt sie*): Ich danke Ihnen, Lady Bracknell.

Lady Bracknell: Sie dürfen mich auch in Zukunft Tante Auguste nennen.

Cecily: Ich danke Ihnen, Tante Auguste.

Lady Bracknell: Ich denke, die Hochzeit fände am besten bald statt.

Algernon: Danke, Tante Auguste.

Cecily: Ich danke Ihnen, Tante Auguste.

Lady Bracknell: Um offen zu reden, ich liebe keine langen Verlöbnisse. Sie geben zu viel Gelegenheit, einander vor der Hochzeit kennen zu lernen, und ich glaube, das ist niemals rätlich.

Jack: Verzeihung, Lady Bracknell, wenn ich Sie unterbreche. Aber von diesem Verlöbnis kann gar keine Rede sein. Ich bin Miß Cardews Vormund, und sie kann ohne meine Einwilligung nicht heiraten, ehe sie mündig wird. Diese Einwilligung verweigere ich.

Lady Bracknell: Aus welchen Gründen, wenn ich fragen darf? Algernon ist ein außergewöhnlich, ich darf wohl sagen, auffällig annehmbarer junger Mann. Er hat nichts, aber er sieht nach allem aus. Was können Sie mehr wünschen?

Jack: Es ist mir sehr peinlich, daß ich ganz offen mit Ihnen über Ihren Neffen reden muß, Lady Bracknell. Aber ich billige seinen moralischen Charakter durchaus nicht. Ich habe ihn in Verdacht, daß er unwahr ist.

(*Algernon und Cecily sehen ihn mit entrüstetem Entsetzen an.*)

Lady Bracknell: Unwahr! Mein Neffe Algernon! Unmöglich! Er hat in Oxford studiert!

Jack: Ich fürchte, es ist kein Zweifel möglich. Heute nachmittag, als ich mich zeitweilig wegen einer wichtigen Angelegenheit in London befand, hat er sich unter der falschen Angabe, er sei mein Bruder, Zutritt in mein Haus verschafft. Unter einem falschen Namen hat er, wie mir eben mein Diener mitteilte, eine ganze Flasche von meinem Perrier-Jouet, Brut, 1889er getrunken, einem Wein, den ich besonders für mich aufsparte. Indem er in seinem schmählichen Betrug fortfuhr, ist es ihm im Laufe des Nachmittags gelungen, mir die Liebe meines einzigen Mündels zu entfremden. Dann blieb er zum Tee und verschlang alle Muffins. Und was sein Benehmen noch herzloser macht, ist, daß er von Anfang an wußte, daß ich keinen Bruder habe, nie einen hatte und keinen zu haben gedenke, nicht einmal einen irgendwelcher Art. Ich selber habe ihm das gestern nachmittag ausdrücklich gesagt.

Lady Bracknell: Hm! Nach reiflicher Überlegung, Mr. Worthing, habe ich beschlossen, über das Benehmen meines Neffen gegen Sie hinwegzusehen.

Jack: Das ist sehr großmütig von Ihnen, Lady Bracknell. Aber weine Entscheidung ist unabänderlich. Ich lehne es ab, meine Einwilligung zu geben.

Lady Bracknell (*zu Cecily*): Kommen Sie, liebes Kind. (*Cecily tritt zu ihr.*) Wie alt sind Sie, Liebe?

Cecily: Eigentlich bin ich erst achtzehn, aber ich sage immer zwanzig, wenn ich in Gesellschaft gehe.

Lady Bracknell: Sie tun ganz recht, ein wenig zu ändern. Keine Frau sollte mit ihrem Alter ganz genau sein. Es sieht so berechnend aus … (*Nachdenklich*): Achtzehn … in Gesellschaft zwanzig. Nun, es wird so lange nicht dauern, bis Sie mündig sind und von den Fesseln der Vormundschaft frei werden. Also scheint mir, die Einwilligung Ihres Vormundes ist nicht so wichtig.

Jack: Verzeihung, Lady Bracknell, wenn ich Sie wieder unterbreche. Aber ich muß Ihnen der Genauigkeit halber sagen, daß Miß Cardew nach dem ausdrücklichen Willen ihres Großvaters, wie er im Testament niedergelegt ist, gesetzlich erst mit fünfunddreißig Jahren mündig wird.

Lady Bracknell: Das scheint mir kein schwerer Einwand zu sein. Fünfunddreißig ist ein sehr reizvolles Alter. Die Londoner Gesellschaft ist voll von Damen allerhöchster Geburt, die seit Jahren aus eigener Wahl fünfunddreißig geblieben sind. Lady Dumbleton ist ein Beispiel. Soweit ich weiß, ist sie fünfunddreißig geblieben, seit sie vierzig wurde, und das ist lange her. Ich sehe nicht ein, warum Cecily nicht noch reizvoller in dem Alter sein sollte, als sie jetzt ist. Der Besitz wird sich sehr vermehren.

Cecily: Algy, kannst du warten, bis ich fünfunddreißig werde?

Algernon: Natürlich, Cecily. Du weißt, daß ich es kann.

Cecily: Ja, ich fühlte es instinktiv, aber ich könnte nicht so lange warten. Ich mag nicht fünf Minuten auf jemand warten. Es macht mich immer verdrießlich. Ich selbst bin nicht pünktlich, aber ich liebe die Pünktlichkeit bei anderen. Und von Warten, selbst auf die Hochzeit, kann keine Rede sein.

Algernon: Was ist dann zu tun, Cecily?

Cecily: Ich weiß es nicht, Mr. Moncrieff.

Lady Bracknell: Mein lieber Mr. Worthing, da Miß Cardew so bestimmt sagt, sie könne nicht warten, bis sie fünfunddreißig sei – was mir auf eine etwas ungeduldige Natur zu deuten scheint – so möchte ich Sie bitten, Ihre Entscheidung noch einmal zu überlegen.

Jack: Aber meine liebe Lady Bracknell, die Sache hängt nur von Ihnen ab. In dem Augenblick, in dem Sie in meine Heirat mit Gwendolen willigen, erlaube ich mit Vergnügen, daß Ihr Neffe sich mit meinem Mündel verbinde.

Lady Bracknell (*erhebt sich und richtet sich auf*): Sie müssen sich darüber klar sein, daß das, was Sie vorschlagen, unmöglich ist.

Jack: Dann ist eine leidenschaftliche Ehelosigkeit alles, was uns bevorsteht.

Lady Bracknell: Das ist nicht das Schicksal, das ich für Gwendolen bestimme. Algernon kann natürlich für sich wählen. (*Zieht die Uhr.*) Komm, Liebe. (*Gwendolen steht auf.*) Wir haben schon fünf, wenn nicht sechs Züge verpaßt. Wenn wir noch mehr verpassen, setzen wir uns Kommentaren auf dem Perron aus.

(*Dr. Chasuble tritt ein.*)

Chasuble: Alles ist fertig für die Taufen.

Lady Bracknell: Die Taufen, Herr! Ist das nicht ein wenig voreilig?

Chasuble (*ziemlich verwirrt; zeigt auf Jack und Algernon*): Diese beiden Herren wünschten, sofort getauft zu werden.

Lady Bracknell: In ihrem Alter? Der Gedanke ist grotesk und unchristlich. Algernon, ich verbiete dir, dich taufen zu lassen. Von solchen Exzessen will ich nichts hören. Lord Bracknell würde sehr böse werden, wenn er hörte, wie du deine Zeit und dein Geld verschwendest.

Chasuble: Soll ich das so verstehen, daß heute nachmittag gar keine Taufen stattfinden?

Jack: Ich glaube, Dr. Chasuble, wie die Dinge jetzt liegen, würde es für uns beide wenig praktischen Wert haben.

Chasuble: Es betrübt mich, daß ich solche Gefühle aus Ihrem Munde höre, Mr. Worthing. Sie schmecken nach den ketzerischen Absichten der Anabaptisten, Ansichten, die ich in vier meiner ungedruckten Predigten zurückgewiesen habe. Da jedoch Ihre gegenwärtige Stimmung besonders weltlich zu sein scheint, will ich sofort in die Kirche zurückkehren. Ich habe nämlich eben von dem Küster gehört, daß Miß Prism seit anderthalb Stunden in der Sakristei auf mich gewartet hat.

Lady Bracknell (*emporfahrend*): Miß Prism! Hörte ich Sie eine Miß Prism nennen?

Chasuble: Ja, Lady Bracknell. Ich bin auf dem Wege zu ihr.

Lady Bracknell: Bitte, erlauben Sie, daß ich Sie einen Augenblick aufhalte. Die Sache könnte für Lord Bracknell und mich von höchster Wichtigkeit sein. Ist diese Miß Prism ein weibliches Wesen von abstoßendem Aussehen, die entfernt mit der Erziehung in Verbindung steht?

Chasuble (*etwas entrüstet*): Sie ist eine sehr gebildete Dame und das Bild der Ehrbarkeit.

Lady Bracknell: Es ist offenbar die gleiche Person. Darf ich fragen, welche Stellung sie in Ihrem Haushalt einnimmt?

Chasuble (*streng*): Ich bin ehelos, gnädige Frau.

Jack (*einfallend*): Miß Prism ist seit den letzten drei Jahren Miß Cardews geschätzte Gouvernante und wertvolle Gefährtin gewesen, Lady Bracknell.

Lady Bracknell: Trotz allem, was ich höre, muß ich sie sofort sehen. Schicken Sie nach ihr.

Chasuble (*sieht hinaus*): Sie kommt: sie ist nah.

(*Miß Prism kommt eilig.*)

Miß Prism:: Man sagte mir, Sie erwarteten mich in der Sakristei, lieber Pfarrer. Ich habe dort eindreiviertel Stunden gewartet. (*Erblickt Lady Bracknell, die sie mit einem steinernen Blick fixiert hat. Miß Prism erbleicht und zittert. Sie sieht sich ängstlich um, als wolle sie entfliehen.*)

Lady Bracknell (*mit strenger, richterlicher Stimme*): Prism! (*Miß Prism senkt das Haupt in Scham.*) Kommen Sie her, Prism! (*Miß Prism kommt demütig näher.*) Prism! Wo ist das Baby? (*Allgemeine Bestürzung. Der Pfarrer fährt entsetzt zurück. Algernon und Jack scheinen bemüht, Cecily und Gwendolen zu schützen, damit sie nicht die Einzelheiten eines furchtbaren öffentlichen Skandals hören.*) Vor achtundzwanzig Jahren, Prism, verließen Sie Lord Bracknells Haus, Nummer 104, obere Grosvenor-Straße, mit einem Kinderwagen, der ein Baby männlichen Geschlechts enthielt. Sie sind nicht zurückgekehrt. Ein paar Wochen darauf wurde durch die sorgfältigen Nachforschungen der hauptstädtischen Polizei um Mitternacht der Kinderwagen aufgefunden, als er allein in einem entlegenen Winkel von Bayswater stand. Er enthielt das Manuskript eines dreibändigen Romans von mehr als gewöhnlich aufreizender Sentimentalität. (*Miß Prism fährt in unfreiwilliger Entrüstung zusammen.*) Aber das Baby war nicht da. (*Jedermann sieht auf Miß Prism.*) Prism! Wo ist das Baby? (*Pause.*)

Miß Prism:: Lady Bracknell, ich gestehe voll Scham, ich weiß es nicht. Ich wollte, ich wüßte es. Die nackten Tatsachen sind diese: Am Morgen des Tages, von dem Sie reden, eines Tages, der auf ewig meinem Gedächtnis eingebrannt ist, bereitete ich mich, wie gewöhnlich, vor, das Baby in seinem Kinderwagen spazieren zu führen. Ich hatte noch eine ziemlich alte, aber geräumige Reisetasche bei mir, in die ich das Manuskript eines Dichtwerkes legen wollte, das ich in meinen wenigen freien Stunden geschrieben hatte. In einem Moment geistiger Zerstreuung, den ich mir nie verzeihen kann, legte ich das Manuskript in den Kinderwagen und das Baby in die Reisetasche.

Jack (*der aufmerksam gelauscht hat*): Aber wohin stellten Sie die Reisetasche?

Miß Prism:: Fragen Sie mich nicht, Mr. Worthing.

Jack: Miß Prism, das ist eine Sache von nicht geringer Bedeutung für mich. Ich bestehe darauf, daß Sie mir sagen, wo Sie die Reisetasche mit dem Kinde ließen.

Miß Prism:: Ich ließ sie im Gepäckraum eines der größeren Bahnhöfe in London.

Jack: Auf welchem Bahnhof?

Miß Prism (*ganz vernichtet*): Viktoriabahnhof; Brightonlinie. (*Sinkt in einen Stuhl.*)

Jack: Ich muß einen Augenblick auf mein Zimmer. Gwendolen, warte hier auf mich.

Gwendolen: Wenn es nicht zu lange dauert, will ich mein ganzes Leben hier auf dich warten.

(*Jack geht in großer Aufregung ab.*)

Chasuble: Was, meinen Sie, bedeutet das alles, Lady Bracknell?

Lady Bracknell: Ich wage nicht einmal zu mutmaßen, Dr. Chasuble. Ich brauche Ihnen nicht zu sagen, daß in hochgestellten Familien eigentlich keine seltsamen Zufälle vorkommen. Man sieht sie kaum als passend an.

(*Man hört oben Lärm, wie wenn jemand mit Koffern würfe. Alle sehen hinauf.*)

Cecily: Onkel Jack scheint merkwürdig aufgeregt zu sein.

Chasuble: Ihr Vormund hat eine sehr cholerische Natur.

Lady Bracknell: Dieser Lärm ist äußerst unangenehm. Es hört sich an, als hätte er einen Wortwechsel. Das ist immer vulgär und oft überzeugend.

Chasuble (*sieht in die Höhe*): Es hat aufgehört.

(*Der Lärm wird stärker.*)

Lady Bracknell: Ich wollte, es käme zu einem Schluß.

Gwendolen: Diese Ungewißheit ist furchtbar. Hoffentlich dauert sie an.

(*Jack tritt ein, mit einer schwarzledernen Reisetasche in der Hand.*)

Jack (*stürzt auf Miß Prism zu*): Ist dies die Reisetasche, Miß Prism? Prüfen Sie genau, ehe Sie reden. Das Glück von mehr als einem Leben hängt von Ihrer Antwort ab.

Miß Prism (*ruhig*): Es scheint meine zu sein. Ja, da ist die Verletzung, die sie bei dem Sturz eines Straßenomnibusses in jüngeren und glücklicheren Tagen erhielt. Hier ist der Fleck auf dem Futter, der durch die Explosion eines Temperenzgetränkes in Leamington entstand. Und hier auf dem Schloß sind meine Initialen. Ich vergaß, daß ich sie in einer verschwenderischen Laune dort habe anbringen lassen. Die Tasche gehört ohne Zweifel mir. Ich freue mich, daß ich sie so unerwartet zurückerhalte. Es war sehr unbequem, sie so viele Jahre entbehren zu müssen.

Jack (*pathetisch*): Miß Prism, Sie erhalten mehr zurück als diese Reisetasche. Das Baby, das Sie hineinlegten, war ***ich***.

Miß Prism (*starr*): Sie?

Jack (*umarmt sie*): Ja ... Mutter!

Miß Prism (*weicht in entrüstetem Erstaunen zurück*): Mr. Worthing! Ich bin unvermählt!

Jack: Unvermählt! Ich leugne nicht, das ist ein harter Schlag. Aber schließlich, wer hat das Recht, gegen eine, die gelitten hat, den Stein zu werfen? Kann nicht Reue einen Akt der Torheit tilgen? Warum sollte es ein Gesetz für Männer geben und ein anderes für Frauen? Mutter, ich verzeihe dir. (*Will sie wieder umarmen.*)

Miß Prism (*noch entrüsteter*): Mr. Worthing, das ist ein Irrtum! (*Zeigt auf Lady Bracknell.*) Die Dame kann Ihnen sagen, wer Sie sind.

Jack (*nach einer Pause*): Lady Bracknell, ich hasse es, neugierig zu erscheinen. Aber wollen Sie so freundlich sein, mir zu sagen, wer ich bin?

Lady Bracknell: Ich fürchte, die Nachricht, die ich Ihnen zu geben habe, wird Ihnen nicht allzu angenehm sein. Sie sind der Sohn meiner armen Schwester, Mrs. Moncrieff, und also Algernons älterer Bruder.

Jack: Algys älterer Bruder? Dann habe ich also doch einen Bruder. Ich wußte, daß ich einen Bruder habe. Ich habe immer gesagt, daß ich einen Bruder habe. Cecily – wie hast du je daran zweifeln können, daß ich einen Bruder hätte. (*Packt Algernon.*) Dr. Chasuble, mein unglücklicher Bruder! Miß Prism, mein unglücklicher Bruder! Gwendolen, mein unglücklicher Bruder! Algy, du junger Halunke, du wirst mich in Zukunft mit mehr Respekt zu behandeln haben. Du hast dich in deinem ganzen Leben nie wie ein Bruder gegen mich benommen.

Algernon: Bis heute allerdings nicht, alter Junge, das gebe ich zu. Ich habe mein Bestes getan, obgleich ich aus der Übung war.

Gwendolen: Mein liebster ...! Aber was für ein Liebster bist du nun? Welches ist dein Vorname? Jetzt, wo du jemand anders geworden bist?

Jack: Um Gottes willen! Das hatte ich ganz vergessen. Deine Entscheidung darüber ist wohl unwiderruflich?

Gwendolen: Ich ändere mich nie, außer in meiner Zuneigung.

Cecily: Was für einen edeln Charakter du hast, Gwendolen!

Jack: Dann wird die Frage besser gleich aufgeklärt. Tante Auguste, einen Moment! War ich zu der Zeit, als Miß Prism mich in der Reisetasche verlor, schon getauft?

Lady Bracknell: Jeder Luxus, den Geld erkaufen kann, eingeschlossen die Taufe, war von deinen lieben Eltern an dich verschwendet.

Jack: Also bin ich getauft. Das ist erledigt. Und welchen Namen bekam ich? Laß mich das Schlimmste wissen.

Lady Bracknell: Als ältester Sohn wurdest du natürlich nach deinem Vater getauft.

Jack (*reizbar*): Ja, aber wie hieß mein Vater mit dem Vornamen?

Lady Bracknell (*nachdenklich*): Ich entsinne mich im Augenblick nicht, wie der General mit Vornamen hieß. Aber ich weiß, er hatte einen. Er war exzentrisch, muß ich gestehen. Aber nur in seinen späteren Jahren. Und das lag am indischen Klima, an der Heirat und schlechter Verdauung und ähnlichen Dingen.

Jack: Algy! Besinnst du dich nicht, wie unser Vater mit Vornamen hieß?

Algernon: Mein lieber Junge, wir haben uns nie gut gestanden. Er starb, ehe ich ein Jahr alt war.

Jack: Sein Name muß in den Heereslisten jener Zeit stehen, nicht wahr, Tante Auguste?

Lady Bracknell: Der General war vorwiegend ein Mann des Friedens, außer im häuslichen Leben. Aber zweifellos steht sein Name in jeder militärischen Rangliste.

Jack: Die Heereslisten der letzten vierzig Jahre habe ich hier. Diese wundervollen Listen hätten mein ewiges Studium sein sollen. (*Stürzt zum Bücherschrank und reißt die Bücher heraus.*) Generale ... Mallam ... Maxholm, Magley, was für fürchterliche Namen! ... Markby, Migsby, Mobbs ... Moncrieff! Leutnant 1840, Kapitän, Oberstleutnant, Oberst, General 1869, Vornamen Ernst, John. (*Legt das Buch sehr ruhig fort und spricht ganz ruhig.*) Ich habe dir doch immer gesagt, ich heiße Ernst, Gwendolen, nicht wahr? Nun, ich heiße also doch Ernst. Ich meine, ich heiße ***natürlich*** Ernst.

Lady Bracknell: Ja, ich erinnere mich jetzt, der General hieß Ernst. Ich weiß, ich hatte besondere Gründe, warum ich den Namen nicht mochte.

Gwendolen: Ernst, mein lieber Ernst, ich fühlte von Anfang an, daß du nicht anders heißen konntest.

Jack: Gwendolen, es ist furchtbar für einen Mann, wenn sich plötzlich herausstellt, daß er sein ganzes Leben lang nichts als die Wahrheit gesagt hat. Kannst du mir verzeihen?

Gwendolen: Ich kann es. Denn ich fühle es, daß du dich ändern wirst.

Jack: Liebste!

Chasuble (*zu Miß Prism*): Laetitia! (*Umarmt sie.*)

Miß Prism (*begeistert*): Friedrich! Endlich!

Algernon: Cecily! (*Umarmt sie.*) Endlich!

Jack: Gwendolen! (*Umarmt sie.*) Endlich!

Lady Bracknell: Mein Neffe, es scheint, du zeigst Spuren von Trivialität.

Jack: Im Gegenteil, Tante Auguste, ich habe zum erstenmal in meinem Leben gemerkt, wie wichtig es ist, ernst zu sein.

(*Tableau.*)

(*Das Ende.*)